AF495192

Ah ! le serein, le serein !

BADAUDIANA,

OU

LE NOUVEAU
PARISIANA,

Recueil de Traits d'Esprit, Naïvetés, Balourdises, Simplicités, Aneries et Bêtises des HABITANS DES BORDS DE LA SEINE.

Publié par un *Ecouteur aux portes.*

Beati pauperes spiritu.....

PARIS,

Chez VAUQUELIN, Libraire, quai des Augustins, n°. 11.

1817.

BADAUDIANA,

OU

LE NOUVEAU

PARISIANA,

RECUEIL de Traits d'Esprit, Naïvetés, Balourdises, Simplicités, Aneries et Bêtises des HABITANS DES BORDS DE LA SEINE.

L'origine du mot *badaud* est encore incertaine ; les uns la tirent du mot *Baguenauder*, d'où est dérivé badaud ; d'autres la rapportent au temps des incursions des Normands, où les Parisiens déployèrent un courage et une valeur au-dessus de tout éloge, puisqu'ils parvinrent à chasser ces barbares, et les poursuivirent rigoureusement en frappant sur le dos des fuyards ; ce qui alors fit nommer bat-dos les vainqueurs, et, par corruption, badauds. Sans nous creuser la tête par des recherches qui nous importent peu, nous dirons fran-

BADAUD.

chement que le surnom de badauds est donné à ces gens oisifs qui, promenant leur nonchalance dans les rues et sur les quais de la capitale, s'arrêtent en foule au moindre événement : tels qu'un chien ou un chat qui se noyent, une dispute ou des polissons qui se battent. La crédulité de ces sortes de gens est au-dessus de toute imagination, et la certitude avec laquelle ils vous assurent un fait quelconque donne souvent à rire à leurs dépens ; leur instruction est égale à leur esprit, car ils vous affirment une bêtise de la meilleure foi du monde. Ce ridicule peu important par lui-même fournit quelquefois des scènes fort plaisantes, et le surnom de badauds convient à merveille à ces nouvellistes crédules pour lesquels tout est vérité. Sur cela nos départemens ne sont point en reste, et l'on peut assurer qu'il y a des badauds partout ; mais ceux de la capitale doivent, comme de raison, l'emporter sur eux. Quant aux Parisiens en général, on ne saurait trop en dire du bien : esprit, talens, politesse, activité, confiance et humanité ; telles sont les qualités estimables qui les distinguent, et l'on peut dire à juste titre que Paris renferme tout ce qui fait le charme de la société.

Je vais esquisser ici le caractère des habitans de Paris, et l'on verra qu'ils sont loin de mériter le nom de badaud, qui ne convient réellement qu'à ceux dont j'ai parlé ci-dessus ; et que si quelques-uns ont, par leur simplicité, fourni quelques traits de ce recueil, les autres n'y auront jamais de prétention.

Le Parisien est franc, loyal, plein d'urbanité envers les étrangers qu'il accueille avec la plus grande politesse ; compatissant envers ses semblables, il secoure sans ostentation les malheureux, et se fait un plaisir d'être utile ; dans les relations commerciales il montre cette probité sévère qui distingue le vrai négociant, et ceux qui traitent avec lui n'ont jamais lieu de s'en repentir : il a cependant dans le caractère cette légèreté que l'on reproche à tout Français ; mais ce défaut, loin d'en être un, ne sert au contraire qu'à activer le commerce par cette inconstance que l'on nomme la mode, et qui le fait varier à chaque moment d'un habillement à l'autre, et multiplie pour ainsi dire ses goûts. Les arts, les manufactures, l'industrie ne perdent point à ce changement continuel, et chaque ouvrier rivalise à qui inventera quelque chose de nouveau pour captiver pendant quelque temps tous les suffrages. Les Parisiennes, modèles du bon goût et de la parure, variant à l'infini leur toilette, sont pour les autres nations un exemple qu'elles s'empressent à suivre; ce qui étend de plus en plus les relations commerciales. Enfin, l'on peut dire que Paris l'emporte sur les autres capitales de l'Europe par la réunion qu'on y trouve de tout ce qui peut flatter les personnes les plus difficiles.

En offrant au public ce petit recueil, nous avons voulu réunir dans un seul cadre divers traits qui, par leur motif, puissent amuser quelques instans et faire sourire le lecteur; si notre but est rempli nous ne craindrons pas qu'on nous applique le titre de ce livre; dans le cas contraire, un badaud de plus ne pourra que faire rire à ses dépens.

Un bon Parisien étant au printemps dans une société, on lui fit remarquer qu'il portait des manchettes de point qui sont la parure de l'hiver, et que par-conséquent elles étaient hors de saison. Vous ne savez donc pas, mesdames, répondit-il, que je suis enrhumé ?

Un curé prêchait sur la destruction du vieil homme (le péché). Il répéta souvent qu'il fallait le faire mourir. Sa jardinière, dont le mari était fort âgé, ayant eu la curiosité d'assister à ce sermon, crut que le prédicateur voulait qu'on tuât son mari; elle courut aussitôt en avertir son époux, qui voulut se dérober à la mort dont il était menacé. Il va donc trouver le curé, et lui dit: « Monsieur, ma femme a tout entendu, » donnez-moi mon congé, je veux encore vivre, je connais votre dessein. » — Quel dessein, maître Pierre? — » Vous le savez mieux que moi, M. le » curé; il n'est pas nécessaire de vous » le dire. — Maître Pierre, expliquez-» vous. — Monsieur, n'avez-vous pas

» dit qu'il fallait tuer le vieil homme?
» Je suis vieux, il est vrai; mais la
» viellesse n'est pas un crime, et d'ail-
» leurs mon travail peut encore me
» nourrir. » Le curé s'aperçut de la méprise de son jardinier. Il eut beaucoup de peine à le désabuser et à lui prouver que le vieil homme n'était autre chose que le péché, que nous devons détruire au-dedans de nous mêmes.

Un particulier envoya porter à un de es amis, par un valet parisien qu'il avait à son service, deux figues qui étaient la primeur de son jardin. Il lui avait aussi remis une lettre qui faisait mention de ce cadeau. En chemin, le valet qui était fort gourmand, et qui ignorait le contenu de la lettre, mangea une des figues et porta l'autre. L'ami de son maître ayant fait lecture du message et s'étant aperçu de la soustraction de la figue, dit au valet : Mais, mon ami, on m'envoyait deux figues, et tu ne m'en apportes qu'une. Le Parisien ne sachant comment se tirer d'embarras, finit par avouer qu'il l'avait mangée. — Eh ! comment as-tu fait, lui demanda l'ami de son maître. — Monsieur, j'ai fait comme cela, lui repartit le Parisien en prenant la figue et la mangeant.

Un Parisien faisant un inventaire, décrivit ainsi une tapisserie de Flandres : *Idem*, une tapisserie à personnages de bêtes. Un autre se trouvant dans le même cas pour des livres, porta sur sa note : *Item*, un livre dont le commencement est à la fin.

Un riche financier qui avait fait bâtir un tombeau, déclara à toutes ses connaissances qu'il ne voulait pas qu'on y mît ames vivantes que celles de sa famille.

Un auteur avait la vue si mauvaise qu'il mangeait avec des lunettes. Le roi, qui l'aimait, lui demanda un jour comment il se trouvait de ses yeux. Sire, répondit-il, mon neveu dit que je vois un peu mieux.

Un vieux magistrat qui n'avait jamais été à la comédie, s'y laissa entraîner par une compagnie à cause de l'assurance qu'elle lui donna qu'il verrait l'*Andromaque* de Racine. Il fut très-attentif au spectacle, qui finissait par les *Plaideurs*. En sortant, il trouva l'auteur et lui dit : Je suis, Monsieur, très-content de votre *Andromaque*, c'est une jolie pièce ; je suis étonné seulement qu'elle finisse si gaîment ; j'avais d'abord eu quelque envie de pleurer, mais la vue des petits chiens m'a fait rire. Le bon homme s'était imaginé que tout ce qu'il avait vu représenter sur le théâtre était la pièce d'*Andromaque*.

Un Parisien très-amoureux et qui avait la manie de vouloir être poète, voulant donner à sa maîtresse des vers de sa composition, s'enferma dans une cave, et après y avoir passé deux jours et deux nuits et avoir barbouillé deux mains de papier, il produisit le quatrain suivant qu'il offrit à sa maîtresse :

Ma Clorie, ma Clorie,
A qui j'ai donné mon cœur,
Je serai toute ma vie
Votre très-humble serviteur.

Sous le règne de Louis VIII, roi de France, un galant ayant enlevé la femme d'un bourgeois de Paris, celui-ci demanda justice, et après une longue délibération, les juges ordonnèrent que le galant rendrait sous quinzaine la femme qu'il avait enlevée, et la sentence fut exécuté au terme fixé par les juges.

Un homme qui était fort savant avait coutume d'écrire tous les soirs ce qu'il avait fait dans la journée; il appelait ces notes *acta diurna*. Il s'y trouvait souvent de grandes niaiseries, parmi lesquelles je citerai la suivante : *Deus bone! hodie catellus meus pectine meo pexus est.* Bon dieu ! aujourd'hui mon petit chien a été peigné avec mon peigne. C'est bien la peine d'être savant pour faire une pareille remarque !

Un médecin de Paris fut appelé un jour auprès d'un malade. La femme de celui-ci l'interroge sur l'état de son mari. — Il est très-mal. — Qu'a-t-il donc ? — Le pourpre. — Le pourpre ! — A quoi le connaissez vous ? — Voyez ses mains comme elles sont violettes. — Hé ! Monsieur, mon mari est teinturier. — Ah ! je n'en savais rien ; j'aurais juré qu'il avait le pourpre, et vous êtes bien heureuse qu'il soit teinturier.

Lorsque le *Diable boiteux* de Lesage parut pour la première fois, il eut une vogue prodigieuse. Deux jeunes gens parisiens étant arrivés en même temps pour l'acheter chez le libraire qui vendait ce livre, ni l'un ni l'autre ne voulut céder à son camarade le seul exemplaire restant. L'expédient qu'ils imaginèrent pour savoir auquel des deux il demeurerait, fut de sortir devant la boutique, de mettre l'épée à la main, de se battre, et le vainqueur emporta le volume comme un trophée de sa victoire.

Une dame à laquelle on demandait dans une administration si elle était née à Paris, répondit sans hésiter : Non, Monsieur, je suis née passage du Commerce.

Un Parisien, à-peu-près aussi spirituel, arrêta un jour dans la rue un particulier, et lui dit : Monsieur, pourriez-vous me dire où est présentement la rue Mêlée? Le particulier lui répondit froidement : Elle était autrefois près la porte Saint-Martin ; je pense qu'elle y est encore.

Une jeune et jolie parisienne qui était nouvellement abonnée au Lycée, rencontra une de ses amies renommée pour son goût pour les modes et pour la toilette. — Ah ! ma bonne, que je suis aise de vous voir ! je vais chez ma marchande de modes ; venez avec moi, vous y verrez des chapeaux d'une forme nouvelle délicieuse. — Je ne le peux pas, en vérité ; je cours au lycée pour entendre *Laharpe*. Comment *Laharpe* ? est-ce qu'on joue de cet instrument au lycée? — Non pas, non pas ; Laharpe est le nom d'un académicien célèbre qui donne des leçons sur la littérature, et je ne veux pas manquer celle d'aujourd'hui. — Le programme en est donc bien intéressant ? — Je n'y ai pas jeté les yeux ; vous pensez bien que je n'ai pas le temps de cela ; mais ma femme de chambre qui lit fort joliment, je vous assure, et qui l'a lu, m'a dit qu'il parlerait de pelotte et de poupée. — Il n'y a pas une minute à perdre ; adieu ma toute belle ; et les deux dames se séparèrent. Or, il faut savoir de quoi le professeur devait parler ? De Plaute et de l'épopée.

--- ---

Une Parisienne qui était enceinte, s'était fait saigner par précaution. Son mari dîna avec elle au chevet de son lit ; surpris de la voir manger à son ordinaire, il lui en témoigna son étonnement ; elle lui dit que n'étant point malade il était tout simple qu'une saignée ne lui ôtat point son appetit accoutumé Ah ! cela est vrai, répondit le mari, surtout lorsqu'elle est faite par un habile homme. Si les enfans de ce particulier ont tenu de leur père, ils devaient avoir bien de l'esprit !

Une poissarde, qui n'avait de sa vie assisté à aucun spectacle, se trouvant à la Comédie française un jour de représentation gratuite, en apercevant le soufflenr qui, après avoir levé sa sa petite trape, montrait sa tête sur le théâtre, fut si étonnée de cette apparition subite, qu'elle s'écria : Regardez donc ce chien-là qui fait un trou au théâtre pour trouver une place.

Dans une représentation gratuite, une

autre poissarde se trouvant au théâtre Feydeau, où la pièce commençait par un duo, s'écria : On voit bien qu'on donne gratis aujourd'hui, car ils chantent à deux pour avoir plutôt fait.

Deux élégantes Parisiennes étant au Musée des tableaux l'une d'elles voulut s'arrêter pour considérer le tableau peint sur une ardoise, représentant le géant Goliath tué par David; mais sa camarade l'en empêcha en lui disant : Viens, ce n'est rien; c'est le tableau du géant Gola.

Une élégante parvenue étant allé chez un peintre fameux pour qu'il lui fît son portrait, l'artiste s'en excusa, en lui observant qu'il ne peignait que l'histoire. Qui donc me peindra le reste? lui dit-elle.

PLACET

D'un Soldat à un Ministre, pour demander une place de Caporal.

Monseigneur,

Vous saurez que François Minard, né natif de Paris, et jardinier de M. Paquet, vous écrit un placet, dont même il a bien voulu se charger de vous le remettre en mains propres. Vous saurez donc qu'il y a près de deux ans qu'il est soldat dans le guet à pied ; ce qui fait qu'il s'est toujours distingué par sa sagesse et par sa valeur, n'ayant jamais eu d'autres affaires avec personne, Dieu merci ; c'est pourquoi je vous prie d'écrire deux mots à M. Duval mon commandant, à celle fin qu'il me fasse la satisfaction de me nommer caporal, parce que la paie est plus forte, et que j'ai bien de la charge sur les bras, quoique par la dureté du temps, ma femme est grosse, trois enfans, mon père aussi, sans oublier une belle-mère, ce qui fera que toute la famille se fera un plaisir d'avoir l'honneur de prier Dieu pour votre santé.

Un Parisien fit la réponse suivante à une lettre qu'il venait de recevoir de son fils :

« Je viens de recevoir votre lettre dans laquelle vous me souhaitez la bonne année, ce qui est bien ; mais vous me demandez de l'argent, ce qui est mal. Si on pouvait envoyer dans une lettre cent coups de bâton, vous les recevriez avec la présente, car vous êtes un fripon, et je suis votre père. »

Un fournisseur de l'armée étant malade, sa femme fut obligée de répondre pour lui à ceux qui venaient traiter d'affaires. Un jour qu'elle avait déjà traité avec plusieurs personnes, elle dit au chef de bureau : « Avouez, monsieur, que la place d'une femme publique est difficile à remplir! »

Un bel-esprit parisien soutenait que le soleil ne faisait pas le tour du monde. Mais comment, lui objectait-on, se peut-il qu'étant parvenu à l'occident, où il se couche, on le voie se lever à l'orient, s'il ne passe point par-dessous le globe? Vous voilà bien embarrassé répondit le bel-esprit, je vais vous expliquer cela au juste : Quand le soleil est levé, il va dans la journée du levant au couchant, ensuite il revient du couchant au levant ; et si vous ne le voyez pas, c'est qu'il fait son trajet pendant la nuit.

—•—•—

Un jeune homme lisant dans un café la gazette, où un article rapportait que deux vaisseaux étaient arrivés chargés, de Terre Neuve, demanda à un de ses voisins, si de la vieille n'était pas aussi bonne.

—•—•—

Un domestique ayant appris à son maître, âgé de quatre-vingt-deux ans, la mort d'un de ses amis, qui en avait quatre-vingt-quatorze : « J'en suis bien fâché, dit-il, mais je n'en suis point du tout surpris, c'était un corps cacochime et tout usé, j'ai toujours dit que cet homme-là ne vivrait pas.

Un habitant de Paris, fort simple, eût bien voulu marier sa fille à un de ses voisins : celui-ci faisait des difficultés, parce qu'il la trouvait trop jeune pour être mariée. Oh! dit le père, elle est bien nubile, car elle a déjà eu un enfant d'un de mes amis.

PROCÈS-VERBAL

Des membres d'un Comité révolutionnaire.

Aujourd'hui quintidi dindon, décadi herse, j'nous sommes transportés cheu le nommé Robert, détenu dans la maison de détention, j'avons trouvé les scellés tels que je les avions boutés, j'avons ensuite fait monter la servante, et après avoir regardé toutes les pièces, j'lavons trouvé en règles; en foi de quoi ladite servante ci-dessus a signé son seing avec nous, après nous avoir assuré qu'elle ne savait ni lire ni écrire, et je nous sommes ensuite retirés par-devant le comité.

Une dame cherchait depuis long-temps un petit laquais pour la servir; mais n'en pouvant trouver, elle s'en plaignit à une femme de sa connaissance, lui disant : Comment! je ne trouverai pas un fils de p.... pour me servir? — Que ne prenez-vous mon petit garçon? il n'a rien à faire, lui répondit l'autre.

Une femme venait d'accoucher, elle demanda de quel sexe était son enfant? C'est une belle fille, lui dit-on. Je n'en veux pas, remettez-la où elle était, répondit-elle.

Un Parisien se trouvant dans une

société dit, en conversation, que lorsque son père épousa sa mère, il était si vieux qu'il ne pouvait plus faire d'enfant.

Un bon bourgeois du Marais avait mis à sa porte l'écriteau suivant : Cave et grenier de plain-pied à louer présentement.

Une dame qui s'amusait à apprendre différens mots comiques à son perroquet, une dévote lui dit : Vous feriez mieux, ma voisine, de lui apprendre ses prières.

Un nouveau riche parvenu donnait un jour un grand dîner. Un de ses amis dit : J'ai dîné hier chez un poète qui nous a régalé au dessert d'une excellente épigramme. Quand le dîner fut fini, le maître de la maison fit appeler son cuisinier et lui dit : Pourquoi que tu ne m'a-tu pas encore fait manger d'épigramme.

Un Parisien demanda un jour dans une société, si les chiens du roi allaient à pied à la chasse.

Un autre, à-peu-près aussi rusé, demanda ce que l'on faisait des vieilles lunes quand il y en avait de nouvelles.

Le marquis de ***, connu par ses singularités, vantait à la reine un remède dont lui seul avait le secret, et qu'il avait fait prendre à un de ses amis réduit à l'extrémité. L'a-t-il guéri, demanda la reine? Madame, dès le lendemain j'allai pour le voir, il était sorti. — Il était sorti? — Oui, madame, il était allé se faire enterrer à St.-Sulpice.

On parlait un jour devant une jeune fille, de l'éléphant de la ménagerie; elle demanda d'où venait cet insecte.

Une dame étant malade, envoya sa femme de chambre consulter le médecin sur sa maladie, et il lui donna l'ordonnance verbalement; mais cette fille ayant peu de mémoire, dit en arrivant à sa maîtresse : « Madame, monsieur le médecin a dit que vous preniez de je ne sais quelle herbe, que vous la fassiez bouillir dans je ne sais quoi, et que vous seriez guérie je ne sais quand.

Quelqu'un vint, tout effrayé, annoncer à un Parisien qui n'était pas chez lui, que le feu venait de prendre à sa maison: Je ne crains rien, répondit ce dernier, j'ai la clef dans ma poche.

Un Parisien qui voyageait coucha dans une auberge. On le mit dans une chambre dont les murailles étaient remplies de fentes qui pénétraient de part et d'autre; il se plaignit à son hôte le lendemain, en lui disant : vous m'avez donné une chambre où le jour pendant la nuit entre de tous côtés.

Le même dit à son valet, un matin : Regarde par la fenêtre s'il est jour. Se valet vint lui rapporter qu'il ne voyait point le jour. Imbécile, lui dit son maître, prends la chandelle afin que tu voyes si le jour se lève.

Une dame, auprès du feu, racontait une histoire à sa société ; une étincelle vola sur sa robe, elle ne s'en aperçut que lorsque le feu eut fait des progrès. Je le voyais bien, madame, lui dit un Parisien qui se trouvait-là ; mais je ne voulais pas avoir l'impolitesse d'interrompre votre récit.

Un financier dit un jour à son laquais nouvellement arrivé de province : Pourras-tu porter cette lettre à Villeneuve St.-Georges? Le laquais lui dit qu'il la porterait volontiers, mais que ne connaissant pas le chemin, il lui faudrait un guide. Prends mon cheval, lui répondit le financier, il y a été une fois, il pourra t'y conduire, et une autre fois tu pourras y aller seul.

Un homme auquel on demanda lequel était l'aîné de lui ou de son frère, répondit qu'il avait un an moins que lui, mais que dans un an il serait du même âge.

Ce trait rappelle celui d'un homme auquel on demandait quel âge il avait? qui répondit : Si je n'avais pas été six mois malade, j'aurais à présent vingt-cinq ans.

Un Parisien chargea son valet de lui acheter un cochon : Jé n'en veux pas un, lui dit-il, qui soit fort gros, mais j'en veux un raisonnable.

Un bel-esprit se trouvant dans une société où l'on parlait des Chartreux, demanda si la Grande Chartreuse n'était pas la femme du général de l'ordre.

Une petite maîtresse qui était malade

dans son lit, et qui se trouvait fort incommodée du bruit des cloches, ordonna que pour étouffer le son, on mît dans la rue du fumier devant sa porte.

Trois dames de qualité étaient à une fenêtre pour voir l'entrée d'un ambassadeur ; il y avait avec elles un ancien maréchal de France, renommé par les victoires qu'il avait remportées, et deux autres seigneurs : Un de ces derniers voyant passer Dugay-Trouin dans un carosse, le fit remarquer aux dames en leur disant : Voilà un héros dans un fiacre. Un héros ! s'écria aussitôt une de ces dames comme avec surprise et sans songer devant qui elle parlait. *Attendez que je le regarde attentivement, je n'en ai jamais vu.*

Un intendant des finances fit bâtir une chapelle aux Cordeliers ; les religieux lui vinrent demander à quel saint il voulait la dédier. Prenez, leur dit-il, qui vous voudrez, je n'ai d'affection pour aucun ; ils me sont tous également indifférens.

Un seigneur étant rencontré sur l'escalier de Versailles par quelques personnes de sa connaissance, elles lui demandèrent où il allait? A l'œil de bœuf, répondit-il. Il n'y a personne, et nous pouvons vous l'assurer, car nous en sortons. — C'est égal, j'entendrai toujours ce qu'on y dit.

L'abbé de la Victoire, qui aimait les nouvelles, avait beaucoup d'accès chez le grand prince de Condé, qui souffrait ses saillies les plus libres, parce qu'elles étaient très-réjouissantes. Ce prince ayant prévenu un maréchal de France et deux cordons-bleus sur le dessein qu'il avait formé de rompre en visière à l'abbé, l'interrogea d'abord sur les nouvelles. L'abbé lui dit celles qui avaient cours, et débita sur ce sujet un raisonnement politique des plus creux. Le prince soutenu par des rieurs formidables, entreprit l'abbé et le terrassa. Le nouvelliste voulut réparer son honneur, se jeta sur une autre matière où il croyait briller ; mais il eut le même succès. Il changea encore de sujet ; quelque forme qu'il prît, quelque effort d'imagination qu'il employât, il fut toujours battu. Comme il ne se doutait point de la conjuration, et que son amour-propre ne lui permettait pas de se rendre au sentiment d'autrui, il se leva brusquement et quitta cette illustre compagnie, en lui disant avec une espèce d'emportement : Je ne m'en prends point à vous, mais à moi-même : j'ai bien mérité ce que j'éprouve ; pourquoi aussi viens-je ici m'encanailler ?

Une marchande d'œufs frais, à Paris, voyant qu'un marchand de marons débitait mieux qu'elle sa marchandise, et attribuant ce débit au cri du marchand qui criait marrons de Lyon, s'avisa de crier aussi œufs frais de Lyon.

Une bourgeoise dont le mari était à l'extrémité paraissait inconsolable ; ses amies voulaient la faire passer dans une autre chambre : Laissez-moi ici, leur dit-elle, on est toujours bien aise de voir mourir son mari.

Un petit bourgeois de Paris, fort ignorant, ayant eu le chagrin de voir mourir le Suisse de St.-Eustache avec lequel il était très-ami, voulut rendre ses regrets publics en lui composant un épitaphe ; après s'être bien donné de la peine pour remplir un pareil projet, il parvint à composer le quatrain suivant :

Ci gît mon ami Mardoche,
Il a voulu être enterré à Saint-Eustache,
Il y a porté trente-deux ans la hallebarde,
Dieu lui fasse miséricorde !

Dans un des spectacles de Paris, on représentait une pièce dont le décor était une campagne avec un clair de lune ;

comme cet astre ne jetait pas assez d'éclat, un des garçons, qui était dans la coulisse, appelant assez haut son camarade qui était au ceintre, l'apostropha ainsi : — Eh ! Jean. — Eh bien ! que veux-tu? — Mouche la lune, elle a l'air d'une éclipse..... Cette saillie ayant été entendue par les spectateurs, les amusa pour le moins autant que la pièce.

Un particulier étant parvenu a une place importante, fut complimenté en grande cérémonie par ses subordonnés; il écoutait gravement le discours qu'on lui adressait, lorsque s'apercevant que son feu n'allait pas bien, il se retourna brusquement et se mit à le souffler. L'orateur se tait; mais le parvenu, sans se déranger, lui crie : Parlez toujours, je vous entends. Une pareille inconvenance n'était pas faite pour que le harangueur continuât, et chacun se retira.

Un homme regardant le portail des Feuillans de la rue St.-Honoré à Paris, et entendant dire qu'il était de l'ordre corinthien : Je croyais, dit-il, qu'il était de l'ordre de Saint-Bernard.

Un financier ayant chez lui une nombreuse société de femmes les plus aimables et les plus distinguées de Paris, il tire un cordon de sa sonnette ; un domestique paraît. Apportez du bois, lui dit-il, le feu fait compagnie, mesdames. Comme dans la même soirée il baîllait beaucoup, quelqu'un lui demanda s'il était malade : Oh ! non, reprit-il vivement, je ne bâille que quand je m'ennuie.

Un particulier écrivant à un ecclésiastique de la Ste-Chapelle, mit pour adresse, à M. ***, très-digne serpent de la Ste-Chapelle.

Le cuisinier d'un parvenu lui étant venu demander comment il voulait qu'on accommodât un canard sauvage. Faites m'en, reprit son maître, du bœuf à la mode.

Un Parisien, qui faisait le bel-esprit, ayant invité une dame à dîner chez lui, on servit une belle dinde. La dame crut devoir lui en faire compliment, en lui disant : Vous avez là une bien belle dinde. Ah ! madame, reprit aussitôt le bel-esprit, c'est vous qui êtes la reine des dindes.

Un homme ayant été admis à prêter serment, répondit au juge qu'il ne savait point jurer ; mais, ajouta-t-il, j'ai mon fils le grenadier qui s'en acquitte à merveille : je vais le chercher.

A l'époque du mariage de M. le comte d'Artois, selon le désir manifesté par ce prince, la ville de Paris consentit d'employer aux mariages d'un certain nombre de filles l'argent qui aurait été employé au feu d'artifice et autres amusemens. Une jeune fille de seize à dix-sept ans s'étant présentée pour se faire inscrire, on lui demanda où était son prétendu : Je n'en ai point, répondit-elle, je croyais que la ville fournissait tout. On rit beaucoup, et en effet la ville lui choisit un mari.

Le curé de St.-Sulpice, M. Languet, ne se faisait point de scrupule, non-seulement de demander, mais même de prendre le superflu des gens riches, soit pour les pauvres de la paroisse, soit pour l'ornement de l'église. Etant allé un matin chez une des plus élégantes paroissiennes pour lui demander des secours qu'elle refusa sous différens prétextes, il aperçut un vase de nuit en vermeil, s'en empara et le mit sous sa soutanne. Mais, M. le curé, lui dit-elle, il n'est pas possible que vous employiez un tel meuble dans votre église. — Pardonnez-moi, madame, répondit-il gaî ment, il formera les fesses de ma vierge. Ce fut en effet avec toute la vaisselle qu'il se procura à-peu-près de cette manière, qu'il fit faire une superbe statue de la vierge en argent.

Un homme qui passait pour galant, étant à faire la cour à une dame, elle tira un de ses gants. Ah ! la belle main ! s'écria notre homme, sans penser à ce qu'il disait. Vous vous moquez, répondit en souriant la dame, qui fut très-flattée de la louange, quoiqu'elle eût réellement la main fort vilaine ; je n'en connais point, continua-t-elle, d'aussi laide. Vous vous trompez, madame, reprit le galant, j'en sais de bien plus mal faites. Je vous défie, reprit-elle, de me les montrer. Aussitôt il prit l'autre main de cette dame et lui dit : En voilà une, madame, qui pour le moins est aussi laide que l'autre.

Plusieurs jeunes filles de dix-huit à vingt ans vinrent un jour chez une dame fort riche, la prier de leur prêter des voiles blancs et autres ajustemens de la même couleur. Qu'en voulez-vous faire, leur demanda-t-elle ? Madame, c'est que c'est demain une grande fête, M. le Curé est bien aise que nous nous déguisions en vierges.

Un particulier faisait un jour compliment à une dame sur la manière dont elle venait de jouer un rôle sur un théâtre de société. Il faudrait pour ce rôle, lui répondit la dame, être jeune et jolie. Ah! madame, reprit aussitôt le complimenteur, vous êtes bien la preuve du contraire.

On annonçait à la Comédie française, *en attendant la première représentation de Guillaume Tell.* Un amateur lisant l'affiche, s'écria: Il serait bien temps de nous donner enfin ce Guillaume un tel.

Un prélat qui visitait un couvent où on recevait des jeunes pensionnaires, voulant s'instruire si elles répondaient à l'éducation qu'on leur donnait, en interrogea plusieurs dont il fut très-satisfait. S'adressant ensuite à une jeune parisienne, il lui demanda : Quelle est la première chose que vous faites en vous levant le matin?—Monseigneur, je prends mon vase de nuit, et je..... La gravité du prélat ne put tenir à une pareille réponse, et il n'osa pousser plus loin les interrogations.

Un abbé de qualité disant la messe, entendit quelques personnes parler derrière lui, et se retournant pour dire *Dominus vobiscum* : En vérité, dit-il, quand ce serait un laquais qui dirait la messe, vous n'auriez pas moins de respect.

Une demoiselle âgée de quarante ans, se trouvant dans une société où deux personnes causaient tout bas en sa présence, elle eut la curiosité d'approcher et de demander le sujet de la conversation. Nous parlions, dit l'une d'elles, de choses qu'une jeune fille ne doit pas entendre. — Ce que vous dites là, monsieur, est fort déplacé, répondit-elle d'un air piqué : apprenez que je ne suis fille que de nom.

Un parvenu avait acheté une terre où il fit bâtir à grands frais un superbe château et une magnifique chapelle qu'il réserva pour le dernier bâtiment. Quand elle fut achevée, il écrivit à ses enfans : Enfin, mes chers enfans, notre chapelle est finie, et j'espère que nous y serons tous enterrés si Dieu nous prête vie.

Une dame disait dans une société qu'elle n'avait jamais eu d'enfant. Votre mère en a-t-elle eu? Ne seriez-vous point stérile de race? lui demanda un homme de la société.

Une jeune parisienne très-jolie étant à confesse, commença sa confession par dire qu'elle avait oublié, la dernière fois qu'elle s'était confessée, de s'accuser de s'être rendue aux désirs empressés d'un jeune homme qui avait triomphé plusieurs fois de sa pudeur dans un jour : Quoi ! vous avez oublié ce péché réitéré, lui dit le confesseur ? Avouez plutôt que la honte vous a fermé la bouche dans le tribunal de la confession. Non, mon père, reprit la pénitente, c'est un pur oubli.

On racontait devant un parisien la mort de Jules-César assassiné dans le sénat : Mais pourquoi, dit-il, cet empereur est-il mort sans sacrement ? Il y a tant de prêtres à Rome ! assurément, quoi qu'on en dise, il n'était chrétien que de nom.

Une dame voyant la pompe funèbre de son mari, s'écria : Ah ! que le pauvre défunt serait aise de voir cela, lui qui aimait tant les cérémonies !

Un soldat avait imaginé, pour gagner quelque argent, de commettre journellement le sacrilége le plus affreux ; il prenait tous les matins un habit ecclésiastique, et allait dire la messe en différentes églises éloignées l'une de l'autre ; il fut bientôt découvert, arrêté et mis au cachot. Son capitaine se transporte à la prison, afin de le réprimander fortement ; mais ne connoissant pas de crimes plus graves que les fautes militaires : Malheureux, lui dit-il, ne savais-tu pas qu'il t'était défendu de quitter ton uniforme ? — Mon capitaine, j'ai toujours eu sous ma soutane ma veste d'uniforme. — Ah ! cela est différent, répliqua le capitaine, qui, croyant le cas très-graciable, alla de bonne foi solliciter la liberté du soldat, qui, comme de raison, lui fut refusée.

Il était anciennement en usage de représenter la passion aux processions qu'on faisait aux fêtes solennelles. Un bourgeois de Paris se formalisa beaucoup parce qu'on lui avait ôté son rôle qui était celui du diable. Quelle injustice, s'écriait-il ! mon bisaïeul, mon grand-père, mon père étaient diables, nous jouons ce rôle depuis plus d'un siècle ; on me dépouille de mon droit après une si longue possession !

La maison de Lévi, qui est très-illustre et très-ancienne, n'a d'autre fondement que son nom pour se prétendre alliée à la Sainte Vierge. On conservait, avec beaucoup de soin, dans le château de ***, qui appartenait à cette maison, un tableau ancien qui représentait un de leurs ancêtres à genoux devant la Sainte Vierge, de laquelle il sortait un rouleau de la bouche avec ces mots : *Levez-vous, mon cousin ;* un autre rouleau sortait de la bouche de cet ancêtre, avec ces paroles : *Je suis dans mon devoir, ma cousine.* Un seigneur de cette maison ayant appris que feu son père avait fait présent d'un tableau de la Sainte Vierge, d'un très-grand prix, à une dame qui était une coquette outrée, il lui écrivit qu'il la priait de lui envoyer ce tableau, parce qu'il ne pouvait pas laisser auprès d'une dame si galante le portrait de sa cousine la reine des Vierges. Elle lui répondit qu'elle ne savait pas comme lui sa litanie à demi; que la mère de Dieu n'était pas moins le refuge des pêcheurs que la reine des Vierges, et qu'elle gardait le tableau.

Un homme en place écrivit un jour à un de ses confrères la lettre suivante : « Monsieur et cher confrère, hier, à mon audience, un particulier insolent m'a traité de fripon : je n'ai pas voulu faire de bruit, mais je me suis réservé de vous demander comment vous en usez en pareil cas. Veuillez m'en instruire, vous obligerez celui qui a l'honneur d'être, monsieur et cher confrère, etc. »

Un particulier se trouvant un jour, dans une société avec l'ambassadeur de Venise, lui adressa la parole en lui faisant la question suivante : De combien de membres est composé le conseil des cent dans votre république ? L'ambassadeur lui répondit avec un grand sang-froid, de dix. Ce qui satisfit le questionneur, qui ne lui fit aucune observation.

Un magistrat, dans la guerre de Paris, fit une étrange cacophonie, en ordonnant qu'on tendît promptement une chaîne dans une rue ; il cria : Qu'attend-on donc tant? que ne la tend-on donc tôt ?

A la première représentation de Sémiramis, le théâtre se trouva tellement obstrué par la foule, qu'à peine les acteurs avaient-ils une fort petite place sur l'avant-scène. Au moment de l'ouverture du tombeau de Ninus, un bourgeois, qui se trouvait sur le théâtre, se mit à crier très-haut : « Messieurs, place » à l'ombre, s'il vous plaît, place à l'om- » bre. » Cette naïveté excita des éclats de rire dans toute la salle, et peu s'en fallut qu'elle n'occasionnât la chute de la pièce.

Un homme d'une humeur bizarre ne voyait point un malade, qui fût de ses amis ou non, qu'il ne lui fît entendre, pour l'inquiéter, que sa maladie était plus dangereuse qu'elle ne pouvait l'être. Si le malade toussait naturellement et sans efforts, comme il arrive aux personnes même qui sont en santé, il augurait mal de sa toux, et disait qu'elle tendait à une fluxion de poitrine. Si le malade se sentait altéré et demandait à boire, il lui disait que son mal pouvait bien tourner en hydropisie. Si son visage etait un peu changé, il lui disait qu'il ne le reconnaissait point. Enfin, loin d'adoucir son mal et de le consoler, en lui cachant ce qu'il pouvaient connaître, il se faisait un plaisir de le lui rendre plus considérable. Trois gaillards de sa connaissance voulant se divertir à ses dépens, convinrent de lui persuader qu'il était bien malade, et prirent le lendemain pour l'exécution de ce dessein, dont ils firent part aux personnes chez qui ils savaient qu'il devait aller, afin de réussir plus sûrement. Au jour marqué, comme il était aisé de connaître sa route, ils se partagèrent tous trois dans différentes rues, éloignées les unes des autres. Le premier le voyant venir, l'aborda civilement, et lui demanda comment il se portait? Fort bien, répondit-il. Comment? repliqua l'autre. cela n'est pas possible, ou du moins votre visage ne denote point cela. Je ne sais, répondit-il, si mon visage est mauvais, mais je ne sens aucun mal; j'ai bien dormi et bien dîné, ce n'est point une marque de mauvaise santé. Ils se quittèrent, et il rencontra bientôt le second, qui, venant à lui, l'embrassa et lui dit: Hé, mon ami, dans quel état êtes-vous donc? et depuis quand êtes-vous indisposé? Moi, indisposé! Je crois que vous vous moquez de moi, répondit l'autre, je ne me suis jamais mieux porté. Vous ne vous sentez donc point, dit cet ami; car, pour moi, je trouve que vous seriez bien mieux dans votre lit qu'ici; au surplus, vous êtes le maître de faire ce qu'il vous plaira, et ils se quittèrent. En tournant dans une autre rue, il trouva le troisième qui, lui marquant la peine de le voir changé en si peu de temps, lui reprocha de ne lui avoir pas fait savoir sa maladie. Avez-vous oublié, lui dit-il, que nous sommes amis, et doutez-vous que votre santé ne me soit aussi chère que la mienne propre? Le prétendu malade, étourdi de ce qu'il venait d'entendre des deux premiers, était fort embarrassé dans sa réponse, et ils se quittèrent, lui assez consterné, et l'autre ne pouvant à peine s'empêcher de rire. Mais ce fut bien autre chose, lorsqu'étant entré dans la maison où il allait, et où l'on avait rassemblé exprès quelques-unes des personnes qu'il avait inquiétées dans leurs maladies par son mauvais caractère d'esprit, on lui demanda s'il revenait de l'antre monde. Vous vous portiez si bien, dit-on, il n'y a que deux jours, comment avez-vous pu tomber si promptement? On lui fit entendre que son visage était jaune, ses yeux creux, sa bouche un peu de travers, et le bout du nez froid. Enfin, on lui dit, comme pour le presser par amitié, de courir aux remèdes, que son visage était l'image de la mort. Notre prétendu malade, que ces discours achevèrent de persuader, n'y répondit que par un signe qui marquait qu'il sentait effectivement son mal imaginaire, et devint en effet malade plus d'esprit que de corps, car il ne fut pas plutôt arrivé chez lui, qu'il se mit au lit et se fit saigner. Le lendemain, il demeura en bonnet de nuit et en robe de chambre auprès du feu, se plaignant de temps en temps d'un mal qu'il n'avait point. Il prit médecine le jour d'après, ensuite force tisanne et lavemens, et il se passa plus de huit jours sans qu'il osât sortir de chez lui.

Madame de Pompadour étant, depuis peu, maîtresse de Louis XV, et croyant sa conduite à cet égard extrêmement secrète, entra dans un magasin de dentelles, et s'y accommoda de plusieurs objets de haut prix; mais au moment de payer et de prendre ce qu'elle avait acheté: « Ah! Madame, répondit la » marchande, vous pouvez bien emporter tout ce qui vous plaira, tout est à » votre service, et je ne suis pas inquiète du paiement. — Mais, ma » bonne, ne craignez-vous pas que votre crédit ne soit bien hasardé? Vous » ne me connaissez pas. — Oh, pardonnez-moi, Madame, repliqua naï-

» vement la marchande, tout le monde » vous connaît bien ; c'est Madame qui » a acheté la charge de Madame de Châ- » teauroux. »

On éveilla un Parisien au milieu de la nuit, pour lui apprendre la mort de son père ; il se rendormit en disant : *Ah ! que je serai affligé demain, quand je me réveillerai !*

M. le duc de Gêvres, gouverneur de Paris, aimait singulièrement les cérémonies d'éclat. A la mort de son père, il fut enchanté de la pompe funèbre que lui fit le corps de la ville. Il leur en témoigna sa reconnaissance. Un des échevins lui dit : *Ah ! Monseigneur, nous aurions bien mieux fait, si c'eût été pour vous.*

Le plus fameux danseur de l'Opéra, Vestris le père, qui se laissait apeler le *Dieu* de la danse, disait hautement :

« Je ne connais que trois grands hommes » en *Eourope*, le roi de *Prousse*, Vol-» taire et moi. » Il répondit à quelqu'un qui le louait sur le bonheur d'obtenir les suffrages unanimes du public : « Ah! » croyez que tout n'est pas roses dans » mon état. En vérité, il est des momens » où je préférerais celui de simple capi-» taine de cavalérie au mien. »

Sais-tu mener en postillon, disait une dame à un de ses gens? Oh! qu'oui, Madame, répond le badaud en ricanant, *Preuve de ça, c'est que c'est moi qui eus l'honneur de vous verser l'année passée.*

Une fort jolie femme, très-aimée du prince de Conti, eut une maladie fort grave, pendant laquelle son état ne permettait pas qu'on reçût personne dans sa chambre. Son confesseur, qui seul avait le droit d'y entrer avec les gens de service, lui représenta que, dans l'état où elle était, elle devait renoncer, tant pour elle-même que pour l'édification publique, à toutes les illusions, à toutes les vaines affections de ce monde, et par conséquent fermer sa porte au prince, qui était nuit et jour dans son antichambre pour demander de ses nouvelles. « *Ah! mon père*, répondit-elle avec » naïveté, *que vous me rendez heu-* » *reuse! je craignais bien d'en être* » *oubliée!* »

Vous ne me donnez que deux liards, disait un décroteur, à moi qui suis acteur de l'Opéra. — Acteur! — Sans doute, ajouta le petit badaud; encore hier je faisais le crapaud dans Médée.

M. de Mandat avait un très-bel hôtel, dont la porte d'entrée, par la cour, donnait sur la rue Chapon, et une autre, par les jardins, sur la rue Courtaut-Vilain. Mais ayant reçu une lettre dont la suscription était : *A Monsieur de Mandat, Chapon par devant, Courtaut-Vilain par derrière*, il fut si piqué de cette plaisanterie, qu'il mit tout son zèle à demander le changement de nom de ces deux rues. Il ne gagna cependant que la moitié de son procès. La rue Chapon continua de porter le même nom ; l'autre prit celui de Montmorenci, malgré l'opinion sérieuse d'un propriétaire qui, s'appelant M. Vilain, prétendait que ses ancêtres avaient donné le nom à cette rue, et était enchanté qu'on lui écrivît : à M. Vilain, hôtel Vilain, rue Courtaut-Vilain.

Une dame de Paris lisant le passage de l'Ecriture qui dit que le juste pêche sept fois par jour, et qu'il se relève sept fois, s'écria : *O mon Dieu ! je n'ai point encore trouvé de juste.*

Une jeune Parisienne de quatorze ans étant au couvent, demanda ce que signifiait l'épithète *hermaphrodite*, qu'elle avait remarquée dans ses lectures. Soit par simplicité, soit pour éluder une réponse précise, la bonne religieuse à laquelle elle s'adressait, lui dit que ce mot servait à désigner une personne qui n'était ni laide ni jolie. Peu de temps après, sa mère vint la voir, accompagnée d'un jeune homme qui était son parent, et qu'on lui destinait pour époux. Le galant militaire s'extasia sur la charmante figure de sa cousine, et la loua excessivement « Oh! mon cousin, lui répondit-elle d'un air modeste, je ne » mérite pas tous ces éloges, je suis » hermaphrodite. »

Un homme de la campagne écrivait à Monsieur frère du Roi, une lettre dont la suscription était : à S. A. R. Monsieur frère du Roi, pour remettre à son premier domestique monseigneur le prince de ***.

Louis XIV disait à un seigneur de sa cour : Vous avez pensé tomber. *Non, Sire*, répondit ce seigneur, *car je me tenais bien sur mes pieds de derrière.*

Marcel, qui avait été un médiocre danseur à l'Opéra, et qui devint le plus habile maître à danser de Paris, sollicitait une pension du gouvernement. Une de ses écolières parvint, par le crédit de sa famille, à l'obtenir. Elle accourut chez Marcel pour lui en présenter le titre et le lui remit entre les mains. Marcel prend le brevet, le jette par terre loin de lui : Est-ce ainsi, mademoiselle, lui dit-il, que je vous ai enseigné à présenter quelque chose? ramassez ce papier et rapportez-le moi comme vous le devez. L'écolière humiliée eut la bonté de ramasser le brevet, et, les larmes aux yeux, elle le lui rendit avec toute la grâce possible. C'est bien, mademoiselle, lui dit le maître à danser, c'est bien. Je le reçois, quoique votre coude n'ait pas été assez arrondi; je vous rémercié. Pouvait-on pousser plus loin l'insolence !

Un bon Parisien légua, à l'article de la mort, tout son bien pour fonder une communauté de cinq filles sous le nom de filles d'oraison, à condition qu'elles seraient exemptes d'amitié, d'amour et d'amourettes, qu'elles ne verraient les hommes qu'en cas de nécessité, et leur confesseur qu'à l'église ou au lit. C'étaient les termes du testament.

Dans un cercle nombreux, une dame connue par de jolies poésies, lisait un de ses ouvrages. Un galant qui se trouvait là, s'écria dans son enthousiasme : on voit bien que ces délicieux vers ont été écrits avec une plume tirée des ailes de l'amour. Ah ! monsieur, répondit modestement la dame auteur, je ne me flatte pas d'employer de telles plumes. Peut-être que madame se sert de préférence des plumes de dinde, répartit une personne qui jusqu'à ce moment n'avait dit mot.

Une vieille coquette se regardant dans un miroir, se voyant des yeux enfoncés, un visage décharné, un teint livide, s'écria : Les miroirs d'à-présent ne font pas ressembler comme autrefois.

Une dame étant tête à tête avec son mari, prit une si forte envie de bâiller, que ses larmes en coulaient. Avez-vous des chagrins, lui dit le tendre époux qui la vit toute en pleurs? versez-les dans mon sein, vous et moi ne faisons qu'un. — Eh! c'est cela même, répondit-elle, quand je suis seule, je m'ennuie.

Un Parisien des plus simples, touché de compassion pour un fondeur de cloches qui se désolait de ce qu'il venait d'en fondre une dont le son ne se faisait point entendre, lui dit : Lorsque vous êtes venu au monde, la parole ne vous est venue qu'avec le temps; ainsi, mon bon homme, c'est à tort que vous vous chagrinez, faites seulement monter votre cloche au clocher, elle parlera avec le temps.

Jean-Jacques Rousseau fut quelque temps secrétaire de M. de Montaigu, ambassadeur de France à Venise. Quelques années après, M. de Montaigu, de retour à Paris, se trouva à l'Opéra un jour qu'on représentait *le Devin du village*. Enthousiasmé de cette pièce, il demanda quel en était l'auteur? Vous devez bien le connaître, lui répondit-on, c'est Rousseau, votre ancien secrétaire; il a fait les paroles et la musique. Quoi! cet imbécile, répliqua M. de Montaigu, a fait cela?

Le père Gardeau, religieux de Sainte-Geneviève et curé de Saint-Etienne du Mont, rebuté du peu de fruit de ses exhortations sérieuses contre les immodesties des femmes qui découvraient excessivement leur gorge, s'avisa de les apostropher ainsi : « Couvrez - vous donc au » moins en notre présence, car afin que » vous le sachiez, nous sommes de chair » et d'os ainsi que les autres hommes. »

Un prélat qui honora la France par ses talens, étant au collége, fut chargé à son tour de faire la lecture pendant le repas; il trouva ces mots : On lui coupa le *col*, en prononçant comme cela était écrit. Le préfet du réfectoire lui cria : recommencez et lisez comme s'il y avait un *u*. On lui coupa le *cul*, reprit le jeune homme.

A la foire Saint-Germain, un homme d'une humeur badine et tournant ses badineries à son profit, s'avisa de louer une grande salle, dont deux portes placées à l'opposite donnaient une entrée et une sortie facile. Il tapissa cette salle en noir et y mit un long bureau couvert de tapis de même couleur, mit dessus deux grands chandeliers garnis de deux flambeaux de cire jaune allumée, une urne dans le milieu, remplie de la matière que je ne nomme point, et s'assit au milieu du bureau, accompagné de deux hommes vêtus comme lui d'une façon bizarre, puis fit crier par un homme qu'il payait bien: C'est ici qu'on apprend à deviner, on ne prend que cinq sous. Les badauds, en grand nombre, entraient, et chacun sans confusion approchait du bureau. Le prétendu devin, dont l'air taciturne et sombre le faisait aisément prendre pour un sorcier, faisait mettre le doigt dans l'urne à celui qui se présentait, puis d'un ton imposant, portez-le, disait-il, à votre nez, et dites-moi ce que cela sent. L'odeur de cette matière puante faisait dire aisément ce qu'elle sentait, et il répondait : Vous avez deviné, sortez sans bruit par l'autre porte, et gardez le secret. Chacun intéressé à garder le silence, pour s'épargner la honte d'avoir été dupe, sortait sans murmurer, et ce stratagême valut beaucoup au prétendu sorcier.

Un prélat ayant fait faire une culotte par un tailleur, l'essaya devant lui, mais elle était si étroite qu'il ne pouvait y entrer. Mon cher, dit-il au tailleur, tu vois bien qu'elle n'est pas faite à ma mesure. C'est vrai, monseigneur, répartit celui-ci, elle est un peu trop étroite pour le cul de votre grandeur. Dis donc, mon ami, répliqua le prélat, pour la grandeur de mon cul ; ensuite il le paya aussi généreusement que s'il eût été content.

Le père Honoré, célèbre Capucin, traitait les vérités les plus terribles de la religion sous une forme burlesque. Ses sermons étaient une espèce de badauderie avec laquelle il épanouissait les rates; mais souvent aussi il brisait les cœurs par la vérité de ses démonstrations. Nous allons en citer un exemple. Dans une prédication il mit entre ses mains une tête de mort : Parle, disait-il en son langage provençal, ne serais-tu point la tête d'un magistrat? Il poursuivit, *qui ne dit mot consent*. Il lui mettait alors un bonnet rouge : Hé bien, disait-il, n'as-tu point vendu la justice au poids de l'or? n'as-tu pas ronflé plusieurs fois à l'audience? ne t'es-tu point entendu avec l'avocat et le procureur pour violer la justice? Combien de magistrats ne se sont assis sur des fleurs de lys que pour y mettre la justice et la droiture mal à son aise! Il jettait alors la tête dans une espèce d'emportement, et en reprenait une autre à qui il disait : Ne serais-tu point la tête d'une de ces belles dames qui ne s'occupent que du soin de prendre des cœurs à la pipée? Il tirait ensuite une fontange d'une de ses poches, puis répétant la même figure : *qui ne dit mot consent.* Hé bien, tête éventée, poursuivait il, où sont ces beaux yeux qui jouaient si bien de la prunelle? cette bouche qui formait ces ris gracieux qui feront tant pleurer de gens en enfer? où sont ces dents qui ne mordaient tant de cœurs que pour les pouvoir faire mieux manger au diable? ces oreilles mignones auxquelles tant de godelureaux ont chuchoté si souvent, pour entrer dans le cœur par cette porte? où est ce fard, cette pommade, et tant d'autres ingrédiens dont tu t'enluminais le visage? que sont devenus ces roses et ces lys que tu laissais cueillir par des baisers impudiques? Il parcourait ainsi toutes les conditions, et coiffait la tête de mort selon les différens sujets qu'il avait à traiter.

Une dame de la cour, aussi connue par le déréglement de ses mœurs que par son défaut d'éducation, mandait à sa tailleuse : « Envoyez-moi ma robe de « *satin*, c'est la seule qui me con-

» vienne. » Et elle avait écrit *satin* par un *c* également sans cédille.

Une parisienne, qui était religieuse dans une ville de province, ayant appris que l'ennemi s'en était emparé et allait la mettre au pillage, courut vers la porte du couvent, et dit à une jeune novice : *Ma chère sœur, quand est-ce qu'on violera ?*

Un jeune Parisien voyageait avec son frère aîné qu'il respectait comme un père ; ils s'arrêtèrent pour coucher dans une auberge. Le lendemain matin, il entre dans la chambre de son frère, et voyant qu'il était encore endormi, il allait se retirer quand il aperçut, au travers des vitres, une pie sur un arbre. Il ne peut résister à l'envie d'exercer son adresse, ôte ses souliers, s'empare doucement d'un fusil qui était au chevet du lit, ouvre la fenêtre avec les plus grandes précautions, met en joue et tire.

Son frère aîné se réveille en sursaut, en s'écriant : « Qu'est-ce donc que cela ?
» Ah ! mon frère, répond naïvement le
» jeune homme, je vous demande par-
» don : c'est peut-être moi qui vous ai
» réveillé. J'ai cependant fait bien dou-
» cement. »

Une fille coquette procurait à sa mère, par son industrie, un profit considérable tous les ans ; il ne venait point de galant qui ne fournît abondamment de quoi bien meubler la cuisine ; les bijoux, les présens de toutes façons, ne manquaient point. Cette fille précieuse mourut ; la mère, affligée d'une perte si sensible, faisait part de sa douleur à ses amis. Un, entr'autres, avec qui elle s'entretenait, lui dit : Vous trouverez dans sa sœur de quoi vous consoler. — Bon ! dit cette bonne mère, il s'en faut bien qu'elle ait le mérite de la défunte ; depuis qu'elle est sortie du couvent, elle n'a pas valu à la maison une fricassée de poulets.

Un prélat faisant la visite de son diocèse, et se trouvant dans une paroisse éloignée, vit avec peine que le service divin était troublé par des marchands de gâteaux et de fruits qui vendaient sur le parvis de l'église, et jusques dans l'intérieur. Il blâma vivement le curé de tolérer cet abus. « Eh ! monseigneur, » répondit celui-ci, ces pauvres gens » n'ont que ce moment et cet endroit » pour débiter leurs marchandises. — » Quoi ! monsieur, ne vous souvenez-» vous pas que Jésus-Christ chassa lui-» même, à coups de fouet, les vendeurs » du Temple ? — Ah ! monseigneur, » ce n'est peut-être pas ce qu'il a fait » de mieux dans sa vie. »

Deux Parisiennes se trouvant sur le quai de la Mégisserie, se demandaient l'une à l'autre ce qu'elles y venaient faire. L'une dit qu'elle venait acheter une linotte, et l'autre un corbeau. Un corbeau ! eh fi, ma commère, vous cherchez là un vilain oiseau. Il est vrai, repartit l'autre ; mais on dit qu'il vit sept à huit cents ans, et nous voulons, mon mari et moi, le voir par nous-mêmes.

L'archevêque de Reims ayant sacré Louis XVI, et ayant, malgré son âge, vaqué sans se reposer à tous les détails de cette auguste cérémonie, le Roi lui dit : « Vous devez être bien fatigué, monsei- » gneur le Cardinal? » — « Oh non ! » Sire, répondit-il naïvement, je suis » tout prêt à recommencer. »

On demanda à un riche Parisien deux mille écus pour les frais funéraires de sa femmes, qu'il avait été ravi de perdre. *Deux mille écus* ! s'écria-t il ; *j'aimerais mieux qu'elle ne fût pas morte.*

Un particulier se vantait dans une société d'avoir une mémoire tellement familiarisée avec la littérature, qu'on ne pourrait pas lui citer deux vers du théâ-

tre moderne, qu'il ne dît de quelle pièce ils étaient. On fit en effet plusieurs essais dont il se tira très-bien. Une dame crut l'embarrasser, en lui citant deux vers qu'elle composa à l'instant. Il réfléchit un moment, et dit : « Ah! je les recon-
» nais, ils sont de la chercheuse d'es-
» prit. »

Le valet d'un bourgeois reçut dans l'estomac un coup de pied du cheval de son maître, qui le renversa par terre. Il donna peu de temps après des signes de vie, et revint enfin de cette dangereuse épreuve : « Je m'attendais bien, dit-il,
» à ce coup là ; ce cheval m'en a tou-
» jours voulu depuis que j'ai conseillé à
» mon maître de s'en défaire. »

Un Parisien qui voyageait tomba sérieusement malade, et fut très-bien accueilli dans un château dont la maîtresse prit de lui tous les soins imaginables. Lors de sa convalescence, il voulut faire l'éloge de cette dame, aussi intéressante par sa piété et ses mœurs que par les qualités de son esprit, et narrer en détail tous les plaisirs du château où il se trouvait. Mais il lui fallut un nom agréable qui se termina en *ine*, pour désigner poétiquement la dame de ses pensées ; et il s'adressa pour demander conseil, à un jeune homme de la société, qui s'empressa de lui indiquer le nom de *Messaline*. L'abbé, fort content, commença ainsi son poème :

Je chante vos vertus, aimable Messaline...

Pour exprimer la superbe position du château où il était accueilli, il disait :

Du haut de ce balcon où l'on ne voit personne
En allant ou venant, qui ne passe la Saône....

Les repas qu'on y donnait étaient également l'objet de ses éloges, et il s'écriait dans son enthousiasme :

La salade en tout temps de l'huile assaisonnée
Aiguise l'apetit, faite de chicorée.

La bonté de Louis XV dégénéra en faiblesse, et sa faiblesse en insouciance, si ce n'est en nullité comme souverain. C'est ce qui donna lieu à un propos très-amer d'une dame de la cour. Au commencement de la guerre de sept ans, le bruit courut que le roi de Prusse, Frédéric II, avait été fait prisonnier et qu'on l'amenait en France. On vint tout de suite faire part de cette nouvelle à cette dame qui était au château de Versailles, entourée de beaucoup de monde. « Ah ! j'en serais bien aise, répondit-» elle, je voudrais bien voir un Roi. »

Un gros bourgeois de Paris, âgé de quatre-vingt-dix-huit ans, renouvelant un bail de neuf ans, menaça son fermier de ne lui en plus renouveler s'il ne le payait plus exactement qu'il n'avait fait le bail précédent.

Un riche financier se présenta chez un ministre pour solliciter une place de receveur-général dans une province, en faveur d'un homme qu'il protégeait.

« Mais il n'est pas riche, répondit le » ministre ; cet emploi exige un fort » cautionnement ; qui le fournira ? » — « Moi, répliqua théâtralement le financier, en frappant sa poitrine. » — « Oh, oh! vous parlez comme Corneille, dit le ministre, à qui ce mot et » ce geste rappelèrent le fameux *moi* de » Médée. » Sur cela, le financier rougit, tourna le dos et va raconter à tous les gens de sa connaissance que le ministre est un insolent, qui lui a dit qu'il parlait comme *une corneille*.

Un Parisien étant à la messe avec une dame ; comme on commençait l'évangile, elle lui demanda ce que voulait dire : *In diebus illis*. *In Die*, dit-il, veut dire les Indiens ; mais je ne sais ce que veut dire *Busilis*.

Un gentilhomme fort ignorant ayant reçu une lettre du père d'Ormesson qui avait signé sa lettre avec son humilité ordinaire, se qualifiant de *minime indigne du couvent de la place Royale*, lui fit réponse et mit pour adresse : *Au révérend père d'Ormesson, minime indigne du couvent de la place Royale, à Paris.*

Un curé chantait une messe de *requiem* pour un homme qui était fort riche ; lorsqu'il vit qu'on lui apportait à l'offrande un cierge chargé d'écus d'or, il dit en se tournant vers le diacre : Il faut avouer que les cérémonies de l'église sont belles.

Un particulier fort riche avait dans une de ses terres un poteau seigneurial qui gênait beaucoup les manœuvres des troupes qui y étaient en garnison. Les officiers s'en plaignirent et le prièrent de le faire abattre; il s'y refusa. On écrivit au commandant de la province, qui donna des ordres en conséquence de la demande du régiment. Le propriétaire espéra le faire révoquer par un placet très-pathétique, dans lequel il exposait son droit seigneurial, en ajoutant que ce poteau avait été établi de temps immémorial par ses ancêtres, et qu'il se croyait obligé d'en exiger la conservation pour se conformer aux sentimens de sa famille, qui y était attachée de père en fils.

On observait une éclipse de soleil à l'Observatoire. Un petit maître étant venu avec deux jolies femmes, apprit en arrivant que tout était fini. « N'importe, » répondit-il, entrons toujours, mesdames; je connais monsieur Cassini, » c'est un galant homme, il aura la » bonté de recommencer. »

Un Parisien avait envoyé son fils en province afin qu'il prît un état. Le jeune homme, après quelque temps, entra en apprentissage chez un boucher. Il n'eut rien de plus pressé que d'écrire cette nouvelle à son père; mais il oublia dans sa lettre d'indiquer l'état qu'il avait pris, et écrivit ce qui suit :

« Mon cher Père,

» La présente est pour vous faire savoir que depuis quinze jours je suis » entré chez un bourgeois, qui est on » ne peut plus content de moi ; il m'a » fait écorcher ces jours derniers, et » m'a promis que si je continuais il me » ferait tuer à Pâques. »

Une Parisienne dans une société lisant une pièce de théâtre dans laquelle il y avait : *La scène est à Constantinople* ; s'écria : « Je ne croyais pas que cette » rivière allait si loin. »

Un Parisien allant en voyage avait pris son fils en croupe avec lui. Le jeune homme charmé de voyager à cheval, dit à son père : « N'est-il pas vrai, mon » père, que lorsque vous serez mort

» j'irai seul à cheval? » — Le père frappé d'une pareille question s'écria : Ah, le malheureux! il est aussi bête que moi.

Un riche particulier étant à sa maison de campagne et en nombreuse compagnie, voyant sa fille embarassée pour le dîner, lui dit : *Il n'y a qu'à cueillir un dindon*, parce que ses dindons perchaient sur des arbres.

Un badaud venait de la comédie ; on lui demanda quelle pièce on avait donnée. « Ma foi, dit-il, il pleuvait si fort » quand j'y suis entré que je n'ai pas » pu lire l'affiche. »

Un domestique entre tout effrayé dans le cabinet d'un docte Parisien, et lui dit que le feu est à la maison. Eh bien! lui répondit-il tranquillement, avertissez ma femme ; vous savez bien que je ne me mêle pas du ménage.

A Ternate, capitale des Moluques, le magistrat attentif à la propagation a établi un valet de ville qui à cinq heures du matin se promène, en invitant les gens mariés à remplir la principale fin du mariage. Il a des instrumens qui résonnent fort haut, et il chante cette chanson :

Messieurs les maris, courage ;
Reveillez vous, et pensez
Aux devoirs du mariage ;
C'est assez dormir, assez.
Donnez des citoyens à la chère patrie,
Le magistrat vous en prie.

Il est cinq heures, l'aurore
Déjà peut s'apercevoir ;
Pourtant vous dormez encore,
Certes, il vous fait beau voir.
Donnez des citoyens à la chère patrie,
Le magistrat vous en prie.

On dit que ce valet de ville qu'on appelle *Clappermann*, est récompensé des femmes magnifiquement ; les plus pauvres trouvent de l'argent pour cela. Il soulage leur pudeur, il réveille la négligence des maris qui se relâchent, il fortifie leur devoir par l'autorité du magistrat.

Une Parisienne à qui on citait cette histoire, s'écria : « Peut-on après cela » traiter ces peuples de barbares, puis» qu'ils sont si bien policés ?

Un Parisien couché dans une hôtellerie, avait pour voisinage, sans qu'il le sût, une compagnie de chèvres et de boucs ; une cloison fort mince et ouverte par plusieurs trous les séparait de son appartement. Notre homme, fatigué, s'était couché sans examiner son gîte, et dormait depuis deux heures d'un sommeil fort tranquille, lorsqu'il fut troublé par la visite d'un bouc son voisin, qui avait profité d'une grande ouverture pour venir le voir. Le bruit de ses sabots éveilla aisément notre voyageur qui fut fort inquiet et prit cet animal pour un voleur de nuit. Le bouc, après plusieurs tours de chambre, vint auprès du lit et mit les deux pieds dessus. Notre homme alors balançant entre le choix d'une prompte retraite ou d'une attaque dangereuse, prit le parti de se saisir du voleur prétendu. Ses pieds, qui les premiers se présentent à lui, l'intriguent; mais il est bien surpris, lorsque mettant sa main sur la face pointue de cet animal, il y trouve une grande barbe, et plus haut des cornes. Persuadé que ce ne pouvait être que le diable, il sauta de son lit tout troublé, et passa le reste de la nuit à genoux, en prières et dans une continuelle frayeur. Le jour qui dissipa enfin les ténèbres de la nuit, fit voir à notre homme son prétendu diable.

Un criminel, auquel on lisait sa sentence au pied de la potence, étant tombé en faiblesse, le religieux qui l'exhortait le releva, en lui disant : Mon ami, remettez-vous; courage ! cela ne sera rien. Puis, lui ayant donné l'absolution, il lui fit répéter ces mots : Mon Dieu! je vous promets de n'y retourner de mes jours; et ensuite il lui observa de bien songer à tenir sa parole.

Un récolet prêchant à Paris le jour de Saint-Michel, et voulant représenter le combat de cet archange contre le Démon, se mit à califourchon sur la chaire, et se donna des mouvemens si singuliers, qu'une de ces galoches tomba sur l'auditoire et cassa la mâchoire à une pauvre femme.

Un riche badaud, de Paris, disait pendant un grand hiver : Si le feu venait à geler, avec quoi nous chaufferions-nous? Son maître-d'hôtel, à-peu-près aussi spirituel, lui répondit : avec de la glace, Monseigneur.

Un badaud, qui était allé pour la première fois de sa vie à Versailles, ayant vu M. le Dauphin environné de ses gardes, demanda si le Roi le faisait conduire à la Bastille.

Un Parisien étant au Musée des tableaux, et en voyant un magnifique, qui représentait Adam et Eve dans le Paradis terrestre, demanda si ce tableau était copié d'après les originaux en personne.

Un autre Parisien qui voulait jouer l'homme d'esprit, passant par Strasbourg, et considérant la tour de la cathédrale : Voilà, dit-il, un excellent morceau d'architecture ; cela a-t-il été fait dans le pays ?

Un jeune homme fréquentait depuis quelque temps un aventurier, que l'on ne connaissait nullement : un parent du jeune homme voulant le détourner de cette nouvelle connaissance, l'invita à rompre avec lui, en lui disant : Qui sait si ce drôle n'a pas été roué ?

Un curé de village, qui était Parisien, ayant lu ces mots au haut de son directoire, *sol in cancro*, crut que c'était quelque nouveau saint dont son évêque avait institué la fête. Il en prévint son maître d'école, en ces termes : Nous ferons aujourd'hui mémoire de *sol in cancro ;* et comme je n'ai trouvé ni oraison ni antienne pour cette fête, comme il plaira à Dieu, sois tranquille. En effet, les vêpres chantées, notre pasteur se mit à crier d'un chant fort mélodieux, et sur le ton d'*O filii et filiæ* (car c'était le tems Paschal) *sol in cancro, sol in cancro neque martyr, neque virgo, erat tamen bonus homo sol in cancro.*

Un jeune Parisien étant à table, à côté d'une dame, tira pour son usage un beau couteau de sa poche : Voilà, lui dit-elle, un beau couteau. Madame, répondit-il ingénuement, il est à votre service, et la dame de s'en emparer à son grand étonnement. Chagrin de cette perte, il en parle le même jour à son papa : Imbécille ! lui répondit celui-ci, quand quelqu'un te dit voilà un beau couteau, tu dois répondre j'ai la fourchette pareille, et il n'y a pourtant en cela aucune impolitesse. Quelque temps après, notre jeune homme, qui avait bien retenu la leçon de son père, étant monté sur un cheval de prix, fut rencontré par des voyageurs, qui dirent : Voilà un fort beau cheval. Messieurs, reprit aussitôt le jeune Parisien, j'ai la fourchette pareille.

—•—•—

— Un tailleur, qui s'était établi à Paris, avait fait une fortune brillante : son fils disait un jour dans une société que de tous ceux du pays de son père (Béarnais de naissance) qui avaient fait fortune en France, il n'y avait que lui qui eût réussi ; à moins, ajouta-t-il, que l'on ne veuille parler de Henri IV.

—•—•—

— Une jeune dame parisienne se trouvant dans une société de savans, et entendant donner à Cicéron et à Démosthènes les plus grands éloges, demanda si ces deux auteurs avaient été canonisés.

Un rossignol étant entré dans une

église pendant la messe, fut se percher sur le tableau de l'autel, et là s'étant un peu remis, il se mit à fredonner avec beaucoup de force et d'harmonie : une bonne paroissienne s'imaginant qu'il chantait les louanges de Dieu, s'écria la larme à l'œil : Après cela, mon Dieu! peut-il encore y avoir des huguenots!

Admirez la force de Samson, mes chers frères, disait un prédicateur, avec une mâchoire d'âne il passa mille Philistins au fil de l'épée.

On demandait un jour à un bon Parisien ce que c'était que les Actes des Apôtres : Ce sont apparemment, dit-il, des actes passés par devant les notaires de Jérusalem.

Deux marchands de vin s'entretenant sur ce qui avait rapport à leur commerce, l'un d'eux demanda à l'autre ce que c'était que le jansénisme, qui faisait alors beaucoup de bruit. Vous verrez, répondit celui-ci, que c'est un nouvel impôt mis sur les boissons.

M. D*** ayant été fait procureur-général, reçut les complimens de personnes distinguées, et en particulier de l'université, dont le recteur le harangua en latin : le magistrat, qui avait fait tout au plus sa cinquième, se trouvant dans la nécessité de répondre, se composa, toussa et cracha, à plusieurs reprises, et enfin répondit ainsi : *Reddo gratias universitati vestræ, et si possum facere aliquid pro eâ faciam*. Le dernier mot *libenter* lui manqua, et il fut fut contraint de finir de la sorte, *faciam faciam*, très-volontiers.

Un avocat qui plaidait au Palais pour sa partie, voulant donner aux juges l'explication du fait, s'exprima ainsi : Le jour de la querelle fut une belle nuit. Par cet échantillon on peut juger du reste de son discours.

Une parisienne se trouvant dans une société, et voulant donner la généalogie d'un monsieur de sa connaissance, qui était Italien, dit à ceux qui l'entouraient : Monsieur ici présent descend en droite ligne des comtes.... des contes de Boccace.

Un Parisien voulant exprimer une tempête qui avait poussé au loin le vaisseau sur lequel il montait, dit que l'orage était si fort que le vaisseau prit le mors aux dents.

On parlait dans une société à Paris de feu le prince de Conti, duquel on racontait une anecdote ; une dame rompant le silence, demanda gravement si ce prince était de la famille des Conti. Contenant. Sur l'observation qu'on lui fit, qu'on ne connaissait pas cette branche des Conti, elle tira un livre de sa poche, et fit voir à la société ces mots : Dédié à madame la princesse de Conti, contenant l'Office de la Vierge.

Un journaliste parisien inséra un jour dans sa feuille la demande suivante : On désirerait avoir pour tenir un comptoir une demoiselle, veuve et sans enfans.

Le même journaliste inséra une autre fois cet article : On désirerait avoir pour secrétaire un homme qui eût reçu une bonne éducation, et qui sût panser un cheval, jouer du violon et raser au besoin.

Un gentilhomme parisien se glorifiait d'être l'inventeur de la colonne militaire. Le maréchal K*** lui soutenait que c'était Moïse. — Moïse, dit le gentilhomme, qui n'était point théologien, je ne connais point cet officier. Dans quel régiment servait-il?

Clément XI demandait à un jeune seigneur parisien s'il avait tout vu dans Rome. « Saint-Père, répondit-il ingénuement, il n'y a qu'un conclave que je serais charmé de voir. »

Dans une procession que firent des moines aux siècles passés, on avait construit un autel dans la rue, pour reposer les châsses. Une grotte était pratiquée dans le fond, où une jeune fille représentait la Madeleine couchée sur le gazon et uniquement couverte de ses cheveux. Lorsque l'évêque fut arrivé à cette station, les reliques furent placées sur l'autel, et tout le peuple se mit en prières. Alors la jeune fille, oubliant son rôle, et touchée de dévotion, se mit à genoux dans sa grotte, et parut à tous les yeux dans l'état de pure nature. Cet incident scandalisa l'évêque au point que tous les moines furent interdits.

Dans une autre procession que firent des moines à Paris, suivaient les douze apôtres avec les instrumens de leurs supplices. Entre autres, on y avait donné le rôle de Saint-Jean devant la porte Latine, à un jeune homme absolument nu dans une chaudière; et comme il y avait du feu sous cette chaudière, les pieds, qui lui faisaient grande douleur, l'obligeaient à plusieurs contorsions qui engageaient les dévots à s'écrier : « Voyez donc comme il fait bien son personnage. En vérité, comme cela est bien édifiant! »

L'usage de rédiger en latin les actes judiciaires fut aboli par François Ier, et voici ce qui y donna lieu. Le parlement venait de rendre un arrêt contre un seigneur qui se trouvant peu après chez le roi, lui dit: Sire, j'ai perdu mes bottes. — Vos bottes, que voulez-vous dire, répondit le prince ?—Oui, sire, mes bottes ; car voilà les termes dont la cour s'est servi : *Dicta curia debotavit et debotat dictum autorem*. Langage qui parut si ridicule au roi et à ses courtisans, qu'il résolut de défendre à son parlement de s'en servir davantage.

Un asiatique se trouvant à Paris et voulant faire connaître à son pays les ridicules du nôtre, écrivit à un de ses amis : il y a trois jours dans l'année où les chrétiens deviennent absolument fous, et après s'être métamorphosés en lutins, en singes, etc., poussé des cris dans toutes les rues, fait des gambades et des sauts de toutes les manières, ils se rendent le quatrième jour aux pieds de leurs prêtres qui leur mettent sur le front une poudre d'une si grande vertu qu'ils recouvrent aussitôt leur bon sens et paraissent absolument guéris.

Un prédicateur parisien disait à son auditoire que quiconque ayant entendu la parole de Dieu, refusait de la mettre en pratique, devait s'attendre d'aller un jour dans un lieu que la politesse ne lui permettait pas de nommer.

Dans le temps où l'on refusait la sépulture à quiconque n'avait rien légué aux églises, une pauvre parisienne fort âgée,

qui n'avait rien à donner, porta un jour un petit chat à l'offrande, disant à son curé : « Prenez, Monsieur, ce présent,
» tout chétif qu'il est; je vous assure que
» cet animal est de bonne race, et il ser-
» vira à prendre les souris de la sacris-
» tie. » Malheureusement elle agissait de bonne foi.

Un auteur parisien ayant un jour dîné chez l'archevêque de Rouen, s'endormait après le repas; le prélat le réveille pour le mener à un sermon qu'il devait prêcher lui même. « Dispensez-m'en, Mon-
» seigneur, lui dit-il, je dormirai bien
» sans cela. »

Un Parisien étant entré chez un de ses confrères un samedi, le lendemain de la Chandeleur, le trouva mangeant du jambon : Ah! mon ami, lui dit il, la vierge n'est plus en couche, elle est relevée. — Comment, répondit l'autre, les dames ne se lèvent pas si matin?

Un auteur, dans sa dernière maladie, refusait de se confesser, par la raison qu'il n'avait coutume de le faire qu'à Pâques. Son confesseur lui parlant de l'autre vie d'une manière peu correcte; « Ma foi, dit-il, révérend, je vous conseille de vous taire, car de la façon dont vous me parlez, je me sens dégoûté de vivre après ma mort.

En 1477, Alphonse V, roi de Portugal, vint à Paris, pour y solliciter des secours contre Ferdinand, fils du roi d'Aragon, qui lui avait enlevé la Castille. Louis XI le logea chez un épicier nommé Laurent Herbelot. On le mena au palais, où il eut le plaisir d'entendre plaider une cause. Le lendemain, il alla à l'évêché où on procéda, en sa présence, à la réception d'un docteur en théologie; et la veille de son départ, on ordonna une procession de l'université, qu'on eut la galanterie de faire passer sous ses fenêtres, cérémonie dont il se crut grandement honoré. La France ne recevrait point aujourd'hui de princes ni d'ambassadeurs, s'il était encore d'usage de les loger et de les amuser de la sorte.

PORTRAIT D'UN BON PARISIEN.

Il se lève tranquillement,
Déjeune raisonnablement,
Dans le Luxembourg fréquemment
Promène son désœuvrement;
Lit la gazette exactement.
Quand il a dîné largement
Chez sa voisine Clidament,
S'en va causer très-longuement,
Revient souper légèrement;
Rentre dans son appartement,
Dit son *pater* dévotement,
Se déshabille lentement,
Se met au lit tout doucement,
Et dort bientôt profondément;
Ah! le pauvre Monsieur Clément!

Dans un vieux sermon prononcé à Paris par le père Menot, où il s'agissait de la promesse du Messie, ce prédica-

teur parlait de la sorte : « Dieu ayant de
» toute éternité déterminé l'incarnation
» et le salut du genre humain, voulut
» que de grands personnages, tels que
» les saints pères, le demandassent.
» Adam, Enos, Enoch, Mathusalem,
» Lamech, Noé, après l'avoir inutile-
» ment sollicité, s'avisèrent de lui en-
» voyer des ambassadeurs. Le premier
» fut Moïse, le second David, le troi-
» sième Isaïe, le quatrième l'Eglise. Ces
» ambassadeurs n'ayant pas mieux réussi
» que les patriarches eux-mêmes, ils
» crurent devoir députer des femmes.
» Mme Eve se présenta la première, à
» laquelle Dieu fit réponse : Eve, tu as
» péché, tu n'es pas digne de mon fils.
» Ensuite Mme Sara, qui dit : O Dieu !
» aide-nous. Dieu lui répondit : Tu t'en
» es rendue indigne par l'incrédulité que
» tu marquas lorsque je t'assurai que tu
» serais mère d'Isaac. La troisième fut
» Mme Rebecca. Dieu lui dit : Tu as fait
» en faveur de Jacob trop de tort à Esaü.
» La quatrième, Mme Judith, à qui
» Dieu dit : Tu as assassiné. La cin-
» quième, Mme Esther, à qui Dieu dit :
» Tu as été trop coquette ; tu perdais ton

» temps à te parer pour plaire à Assué-
» rus. Enfin fut envoyée la chambrière,
» de l'âge de 14 ans, laquelle, toute
» honteuse et tenant la vue basse, s'age-
» nouilla, puis vint à dire : Que mon
» *Bien-Aimé* vienne dans mon jardin,
» afin qu'il y mange du fruit de ses pom-
» mes ; et le jardin était le ventre virgi-
» nal. Or, le fils ayant ouï ces paroles,
» il dit à son père : J'ai aimé celle-ci dès
» ma jeunesse, et je veux l'avoir pour
» mère. A l'instant Dieu appelle Gabriel
» et lui dit : O Gabriel ! va-t-en vîte à
» Nazareth, à Marie, et lui présente de
» ma part ces lettres ; et le Fils y ajouta :
» Dis-lui de la mienne que je la choisis
» pour ma mère. Assure-la, dit ensuite
» le Saint-Esprit, que j'habiterai en elle ;
» qu'elle sera mon temple, et remets-lui
» ces lettres de ma part..... »

Selon cet insensé blasphémateur, les Messieurs de la justice sont comme un chat à qui on aurait commis la garde d'un fromage, de peur qu'il ne soit rongé des souris. Un seul coup de dent du chat fera plus de tort au fromage que vingt souris ne pourraient en faire. « Les bû-
» cherons, dit-il ailleurs, dans une fo-

» rêt, coupent de grandes et petites
» branches et en font des fagots. Ainsi,
» nos ecclésiastiques, avec des dispenses
» de Rome, entassent gros et petits bé-
» néfices. Le chapeau de cardinal est
» lardé d'évêchés, les évêchés lardés
» d'abbayes et de prieurés, et le tout
» lardé de diables. Il faut que tous ces
» biens de l'Eglise passent par les trois
» cordelières de l'*Ave Maria*; car le
» *benedicta tu* sont grosses abbayes de
» bénédictins; *in mulieribus*, c'est
» monsieur et madame; et *fructus ven-*
» *tris*, ce sont banquets et goinfreries. »
Tous les sermons de ce cordelier furent imprimés en 1519, un an après sa mort, et dans le temps que Luther faisait retentir l'Allemagne de ses turlupinades et de ses sottises. On n'avait pas encore élevé de petites maisons dans l'Europe, et jamais il ne fut si nécessaire d'en bâtir.

En 1767, un Parisien revenant du grand Caire, en avait rapporté une momie pour la placer parmi les raretés de son cabinet. Passant par Fontainebleau, il prit le coche d'eau de la cour pour se rendre à Paris; mais par oubli, en faisant partir son bagage, il laissa un coffre dans lequel était renfermée cette momie. Les commis l'ouvrirent, et croyant y voir un jeune homme étouffé à dessein, requirent le commissaire, qui se rendit sur les lieux avec un chirurgien; on dressa un procès-verbal, et il fut ordonné que le cadavre serait porté à la morgue, pour y être exposé et reconnu par ses parens ou autres, et qu'on informerait contre les auteurs du meurtre. Cent conjectures furent faites sur l'atrocité du crime. Le propriétaire du coffre s'étant présenté au coche pour réclamer sa caisse, on l'arrêta et on le conduisit chez le commissaire, à qui il fit apercevoir sa bévue. Néanmoins il fallut se pourvoir par-devant le lieutenant de police, et le voyageur obtint main-levée de son cadavre.

Un gros bourgeois de la rue Montmartre étant à la comédie, vint se placer dans une loge, et réunit tous les regards et toutes les lorgnettes. Une dame richement parée s'empara de la loge voisine, et reçut avec les plus grands égards les saluts de toute l'assemblée. « Quelle est cette femme? demanda-t-il à un ami. — Mais, Monsieur, c'est la vôtre. — Vous avez parbleu raison, répondit-il, je ne la reconnaissais pas.

Louis XIV, qui devait danser dans un ballet de la composition de Lulli, fâché de ce qu'à son arrivée rien n'était prêt, lui envoya dire qu'il se dépêchât et qu'il ne pouvait pas attendre. Lulli, plus occupé de sa composition que des ordres de son souverain, répondit avec un grand sang-froid : « Le Roi est le maître, il peut » attendre tant qu'il lui plaira. » Un jour qu'on exécutait à la messe une pièce de musique que ce symphoniste avait composée pour l'Opéra, il se prit à dire bonnement et assez haut : « Seigneur, » je vous demande pardon, je ne l'avais » pas faite pour vous. » Etant au lit de la mort, il fut visité par le chevalier de Lorraine, à qui la femme du moribond dit : « C'est vous, Monsieur, qui l'avez

» enivré le dernier, et qui êtes cause de
» sa mort. » « Tais-toi, ma femme, r-
» pondit Lulli, tais-toi; Monsieur m'a
» enivré le dernier, et si j'en échappe,
» ce sera lui qui m'enivrera le premier.»
Cette femme avait tort assurément, car Lulli ne mourut que pour s'être rudement frappé le bout du pied en battant la mesure avec sa canne. Il est vrai que le mauvais germe de la débauche avait altéré son sang. Sans cet accident, néanmoins, il eût vécu davantage, car il n'avait alors que 54 ans. Au premier danger, Lulli livra son opéra d'*Achille et Polixène* à son confesseur, qui le brûla quelques jours après. Un de nos princes, qui aimait ce musicien et ses ouvrages, fut le voir et lui dit: « Hé quoi! Baptiste,
» tu as jeté ton opéra au feu! Tu étais
» bien bête de t'en rapporter à un jan-
» séniste qui radotait en jetant au feu
» une si belle musique. — Oh! oh! ré-
» pondit-il, Monseigneur, je savais bien
» ce que je faisais; car j'en avais encore
» une copie dans mon coffre. » Cependant le mal empira, et les bons mots firent place à des remords et à des regrets qui paraissaient sincères. Lulli se fit

mettre sur la cendre, la corde au cou, fit amende honorable, et chanta ces paroles : *Il faut mourir, pécheurs, etc.*, sur un air qu'il avait composé pour un sujet profane. Il est remarquable que les circonstances de sa mort furent absolument semblables à celles de La Fontaine, qui le suivit au tombeau huit ans après.

Un prédicateur de Paris, pour prouver la reconnaissance des trépassés, assurait gravement qu'au seul son de l'argent qui tombait dans le tronc ou le bassin, et qui faisait *tin*, *tin*, *tin*, toutes les ames du purgatoire se prenaient tellement à rire, qu'elles faisaient : *Ha*, *ha*, *ha*, *hi*, *hi*, *hi*.

Dans une maladie qu'eut Ninon de l'Enclos, un prêtre qui l'avait longtemps exhortée à reconnaître son aveuglement et à penser à son salut, n'ayant pu tirer d'elle que du persifflage, allait sortir fort irrité. Arrive dans l'entrefaite un des amans de Ninon,

qui, le voyant tout ému, l'interroge, et finit par lui dire : « Monsieur l'abbé,
» ne vous découragez pas, faites
» votre devoir, car, sur ma foi, made-
» moiselle, en fait de théologie, n'en
» sait pas plus que vous et moi. »

Un jeune Parisien écrivit la lettre suivante à une demoiselle dont il était amoureux :

Dites-vous vrai, mademoiselle, quand vous assurez que mon absence ne vous plaît point? Car, entre nous, a beau mentir qui vient de loin. Pour moi, je vous assure qu'après votre départ je demeurai plus penaut qu'un fondeur de cloches ; et je disais sans cesse : Hélas! les jours se suivent et ne se ressemblent point! Je crains bien d'avoir mangé mon pain blanc avant le noir. J'étais avec mes amis comme le poisson qui nage ; mais maintenant je ne sais de quel bois faire flèche. Ce qui me console, c'est qu'on m'a promis de revenir ; mais promettre et tenir c'est beaucoup, et je ne connais que trop que, qui s'éloigne de l'œil, s'éloigne du cœur. Cependant si vous y manquiez, je vous réponds que je crierais contre vous plus haut qu'un aveugle qui a perdu son bâton, et je ne sais même si je ne jeterais pas le manche après la coignée. Il vaut donc mieux faire contre fortune bon cœur que d'être triste comme un bonnet de nuit sans coeffe. Cent ans de mélancolie ne payeraient pas un sou de mes dettes. Cependant il ne faut pas se désespérer pour une mauvaise année; après la pluie vient le beau temps. Enfin, me voici au bout de mes rôles ; je ne bats plus que d'une aîle ; il faut finir, comme disait le roi Dagobert à ses chiens, il n'y a si bonne compagnie qui ne se quitte. Bon jour et adieu. En voilà assez pour le prix de votre argent ; payez - moi en même monnaie, rendez-moi la pareille ; il vaut mieux un bon *tien* que deux *tu auras*.

Le goût de la pendaison fut aussi celui d'un certain seigneur connu du temps de François Ier. sous le nom de *bâtard du roi*. Ce jeune homme traversait un bois dans le moment où l'on venait d'assassiner un voyageur. L'exempt qui était en poursuite l'ayant rencontré, et lui trouvant dans la physionomie quelque chose de fier et de farouche, l'arrête et le conduit dans les prisons. Le bâtard, loin de se disculper, ne fit que l'insulter, en disant : « Ah ! Monsieur, on vous apprendra à arrêter les gens ! — Mais, n'as-tu pas assassiné cet homme ? — Que vous importe que je l'aie assassiné, ou non ? — Mais tu seras pendu. — Hé bien, pendez-moi, et vous connaîtrez bientôt qui je suis et à qui j'appartiens. » Cependant on informe, et sur des indications, vaille que vaille, on le condamne au gibet. Comme il était au bout de l'échelle, un assistant qui le reconnut, se mit à crier : « Eh ! qu'allez-vous » faire ? Ne voyez-vous pas que c'est là » un fils de notre roi ? — Que t'importe ? » toi-même, répondit encore plus haut » le patient, laisse-les faire, on leur » apprendra à pendre les gens. » Le juge le fait descendre précipitamment et lui fait des excuses. « Non, non, mon- » sieur, pendez-moi toujours, et vous

» saurez bientôt à qui vous avez affaire. » Allons, bourreau, fais ton métier : » on vous apprendra à pendre les gens.» Il fallut employer la violence pour lui sauver la vie.

Sous le règne de Charles-le-Bel, en 1323, Jourdain de l'Ile, gentilhomme du Périgord, qui avait épousé la nièce du pape Jean XXII, fit tuer d'une façon barbare deux huissiers qui étaient allés lui signifier un arrêt du parlement. Il fut pris et condamné à être pendu. Le lendemain de l'exécution, le curé de Saint-Merry écrivit à Jean XXII en ces termes :

« Très-Saint-Père,

» Dès que je sus que le mari de votre » nièce allait être exécuté, j'assemblai » mon chapitre, et je représentai qu'il » convenait de profiter de cette occasion » pour vous marquer notre très-respec- » tueux attachement et notre très-pro- » fonde vénération. A peine votre neveu

» était-il pendu, qu'avec grand lumi-
» naire nous allâmes le prendre à la po-
» tence et nous le fîmes porter dans
» notre église, où nous l'avons enterré
» honorablement et *gratis*. Saint-Père,
» nous continuons à vous demander
» très-humblement votre sainte et pa-
» ternelle bénédiction. »

En 1486, l'évêque de Meaux présenta à la faculté de théologie de Paris plusieurs propositions à censurer. La cinquième était conçue en ces termes : « Il
» n'y a que Saint-Yves parmi les avocats
» de sauvé. Cette proposition est vraie,
» dit la faculté. La septième portait : Les
» apothicaires, les armuriers, les méde-
» cins et ceux qui font profession d'au-
» tres métiers iront en paradis, s'ils y
» sont portés par tous les diables ou sur
» la queue d'un mulet. Cette propo-
» sition, dit la faculté, est téméraire et
» présomptueuse. »

Un Huissier Parisien avait ainsi dressé l'inventaire des meubles d'un curé décédé : *Item*, une tapisserie à personnages de bête ; *item*, un grand fauteuil de paille, sur lequel le défunt avait coutume de s'asseoir, ainsi que son vicaire ; le tout de peu de valeur. *Item*, un crucifix tout ébraté (sans bras) ; *item*, un vieux livre pour dire la messe, dans un sac. — Hé ! lui dit son confrère, trouvant le bréviaire en mauvais état : Laisse-là cette guenille, le diable ne dirait pas sa messe dedans.

Un marguillier de Paris avait écrit dans ses comptes : *Item*, 10 sous pour avoir lavé la casaque et les culottes de Saint-Roch ; *item*, 5 sous pour avoir peigné la queue du cheval de Saint-Martin ; *item*, 20 sous pour avoir pendu deux anges.

Une Parisienne entendant un prêtre exhorter un criminel à la mort avec beaucoup d'onction, s'écria : Mon Dieu ! qu'il y a de plaisir à mourir entre les mains d'un si saint homme!

Un Parisien étant en voyage était sur le point d'entrer dans Lille. On le prévint de doubler le pas attendu qu'on formait les portes à huit heures. Oh! bien, dit-il, je vais retarder ma montre.

Un Parisien se promenant du côté de la Rapée vit un marinier qui jetait ses filets dans la Seine, et lui proposa d'acheter sa pêche. On tomba d'accord, et le marché fut conclu; en retirant le filet, on sentit qu'il contenait quelque chose de très-pesant, et l'on crut que c'était au moins un brochet d'une grandeur extraordinaire. Ce spectacle intéressant attira une foule de curieux sur les bords de la rivière, et les pêcheurs tiraient le filet avec beaucoup de peine. Enfin ils redoublent d'efforts, on soulève le poisson : mais qu'aperçoit-on?

le corps entier d'un âne. Aussitôt toute la foule assemblée s'écria : Ce n'est qu'un âne M. l'acheteur.

Un moine qui prêchait l'Avent à Paris dans une des petites paroisses qui sont autour du Palais, disait un jour en parlant contre l'impureté : « Autant de » coups de pinceau qu'un peintre donna » à une nudité, autant de péchés mor» tels ; autant de coups de ciseau qu'il » en faut pour faire une statue impure, » autant de péchés mortels ; autant de » syllabes qu'un poète fait entrer dans » un vers licencieux, autant de péchés » mortels. » On ne sait pas s'il y avait des peintres et des sculpteurs à ce sermon ; mais apparemment il y avait quelque poète. Le lendemain, dans le tems que le prédicateur montait en chaire, on lui donna un papier plié ; et croyant que c'était quelque pauvre famille à recommander aux charités de son auditoire, ou quelque dévotion à annoncer, sitôt qu'il eut achevé l'*Ave Maria*, il l'ouvrit. Comme il savait le style : Messieurs, dit-il par avance, vous êtes avertis que... que... il ne voulut pas dire le reste, et fit bien. Au lieu de ce qu'il croyait trouver dans ce papier, il y avait ces quatre vers :

Mon père ! vous êtes savant ;
Mais vous ne prêchez pas de même :
Nous nous contentons de l'Avent,
Ne revenez pas le carême.

Depuis long-tems on se récrie sur l'usage absurde d'obliger les enfans à se servir exclusivement de *la belle main*, et de les rendre inhabiles à se servir de l'autre, quoique la nature nous ait effectivement produits *ambi-dextres*. Un jour, l'enfant d'une parisienne, bien grondé pour ne pas se borner à l'usage de la main droite, étant contrarié par sa bonne, lui appliqua un bon soufflet. La mère, qui était présente, au lieu de le punir, lui dit avec un ton pédantesque : Eh bien ! mon fils, toujours de la main gauche ! Vous êtes donc incorrigible?

Un sculpteur voulait vendre à un gros banquier mille pistoles un superbe crucifix : Comment ! s'écria une personne qui était présente, l'original ne fut vendu que trente deniers ! Oh ! répondit l'artiste, je le crois ; mais c'est que dans ce tems-là on ne connaissait pas bien la marchandise.

Une muraille était prête à tomber dans une des rues de la capitale : on fit défense de pisser contre, sous peine d'être écrasé.

Sous le régime révolutionnaire, un membre de comité chargé de la police des spectacles de la capitale, manda un musicien, et lui fit des reproches sur sa négligence. Le pauvre diable, qui connaissait toute l'étendue du pouvoir municipal de ce tems là, ne le contraria qu'avec tout le respect possible, et lui demanda très-timidement quels étaient les griefs qu'il avait contre lui, et si on lui avait porté des plaintes. — Oh ! je n'ai besoin de personne, Monsieur ;

j'ai des yeux, et je vois bien que vous vous reposez la moitié du tems que les autres violons jouent. — Mais je ne joue pas du violon, Monsieur. — Vous mentez; je vous en ai vu un. — Je vous demande pardon; je joue de la quinte. — Dé la quinte! de la quinte! Ne faites pas l'insolent, croyez-moi, et qu'il ne vous arrive plus de rester les bras croisés quand les autres jouent, comme vous avez fait hier dans l'opéra. — Ah! Monsieur, je comptais mes pauses. — Qu'est-ce que c'est, Monsieur, compter des pauses?... compter des gaudrioles! — Mais non, Monsieur; il y avait un *tacet allegro*, et... — Comment! comment! je crois que vous me tenez des propos. En prison! — Mais, Monsieur... — En prison! vous dis-je. Ah! je vous apprendrai à vous moquer d'un homme en place!

Une vieille parisienne disait autrefois avoir vu dans Paris un perroquet qui répétait si souvent et si distinctement ces paroles des litanies des saints : *Sancta*

Thomas, ora pro nobis, que se trouvant un jour enlevé par les griffes d'un oiseau de proie, nommé Milan, il s'écria d'un ton lamentable : *Sancte Thomas, ora pro nobis*, et qu'à l'instant le milan tomba mort d'effroi et le perroquet recouvra sa liberté.

Un prédicateur, à Paris, parlant des souffrances du Sauveur : Eh! n'est-il pas bien surprenant, s'écria-t-il, que nous continuions de pêcher? O mon Dieu! pourquoi laisses-tu vivre des hommes aussi méchans et aussi ingrats? — En prononçant ces mots, il s'appliqua un vigoureux soufflet, et tous les auditeurs l'ayant imité, il y eut, dans un clin-d'œil, quatre mille soufflets qui retentirent dans l'auditoire.

Au mois de février 1785 arriva un événement assez singulier à Saint-Jean-en-Grève à Paris, où l'on venait de présenter le corps de M***; l'un de ses neveux, allant signer l'extrait mortuaire, et requis de dire son nom et ses qualités, il s'intitula seigneur suzerain *du Paradis*, et seigneur direct du fief *de tous les Diables*. Le vicaire, scandalisé, crut que c'était une plaisanterie et refusa d'écrire. On appelle le curé : celui-ci refuse à son tour ; mais M. de ***, accoutumé à ces difficultés, tire un papier de sa poche : C'est un arrêt du parlement, dans lequel on voit que les titres qu'il prend sont exacts et conformes à la vérité ; alors ils furent inscrits tels qu'il les avait dictés.

Un seigneur, connu par ses singularités, vantait à la Reine de France un remède dont il avait le secret, et qu'il disait avoir fait prendre à un de ses amis fort malade. L'a-t-il guéri, dit la Reine ? — Madame, dès le lendemain ; j'allai pour le voir, il était sorti. — Comment ! déjà sorti ! — Oui, Madame, il était allé se faire enterrer à Saint-Sulpice.

Un jeune homme fort jovial, ayant escamoté la carte d'un restaurant, pour en substituer une toute composée de mets extravagans, tels que chauves-souris aux oignons, un lézard aux petits pois, etc... un bon Parisien y fut pris, et demanda sérieusement les mets burlesques qu'il venait de lire sur la carte; ce qui apprêta à rire à ses dépens.

Une jeune Parisienne venait de perdre son serin; il avait quitté sa cage, et se sauvait dans les airs. La première idée qui vint à l'esprit de la jeune personne, fut d'aller fermer la porte de son jardin.

On venait de donner sur un des théâtres de la capitale les *Femmes vengées*. Le parterre avait trouvé cet opéra charmant, et le redemandait à l'acteur qui était venu l'annoncer. Un commissaire voulant jouer l'homme d'importance, demanda une autre pièce, afin, disait-il, que les dames pussent rire sans le secours de l'éventail. Hé bien ! dit l'acteur, nous aurons l'honneur de vous donner *Béverley*, pièce en *vers libres* de M. Saurin. — Comment ! encore une pièce en *vers libres*, lorsque c'est précisément pour cela que je vous interdis les *Femmes vengées* ! relâche au théâtre pour huit jours.

— Un curé du faubourg Saint-Marceau était occupé aux cérémonies d'un enterrement. Une de ses paroissiennes vint le tirer par la manche, en lui disant : Monsieur, Monsieur, j'ai deux mots à vous dire. — Attendez que j'aie fini, lui répond le curé. — Cela ne se peut, il faut que vous m'écoutiez sur-le champ. — Eh bien ! voyons, qu'y a-t-il ? — Il y a que vous êtes sur le point d'enterrer un homme mort de la petite-vérole, à côté de mon pauvre mari qui ne l'a jamais eue.

Un riche marchand de la rue Saint-

Denis fit un jour construire une arrière-petite chapelle dans l'église des Jacobins, à condition expresse que lui seul y serait enterré, et que sa femme sur-tout serait exclue de cette sépulture. On peut juger par cet échantillon quelle était la vivacité de l'amour conjugal dans cet heureux ménage.

Un bon religieux, Parisien, voulant détourner un de ses amis de se faire moine, lui dit en confidence : « Mon » ami, quand il n'y a dans une année » que dix ou douze religieux qui per- » dent l'esprit, nous disons que l'année » est bonne. »

Un jeune Parisien, que son précepteur avait mené à l'Opéra pour la première fois, lui dit vers le milieu de la pièce : Monsieur, ai-je bien du plaisir ?

On dit un jour dans une société au fameux Vestris : Savez-vous bien que votre fils vous surpasse? Je le crois bien, répondit ce célèbre danseur, je n'ai pas eu un aussi bon maître que lui.

Il prit fantaisie à un jeune Parisien, fort simple, de se faire peindre; mais craignant que les parens de la jeune personne à qui il destinait son portrait ne lui défendissent leur maison, s'ils le trouvaient par hasard entre les mains de sa maîtresse, il dit très-sérieusement à l'artiste: Monsieur, faites, je vous prie, mon portrait de manière qu'on ne puisse pas le reconnaître.

Un prédicateur voulant reprendre en chaire ces femmes qui affichent à tort et à travers des pensées irréligieuses, s'écria: Vous vous croyez des philosophes, vous n'êtes que des philosophesses.

On vit anciennement près d'une des barrières de la capitale cette inscription placée sur un poteau : Ce sentier conduit à Pxxx. Si vous ne pouvez pas lire cet écrit, vous ferez mieux de suivre la grande route.

Une dame fort riche disait à sa femme-de-chambre : « Voilà un deuil qui de-
» puis quinze jours m'ennuie bien. Mais
» dis-moi Rosette, de qui donc suis-je
» en deuil ? »

Un jeune Parisien à qui on reprochait d'être bête, répondit naïvement : « Ce
» n'est pas ma faute si je n'ai point d'es-
» prit, on m'a changé en nourrice. »

Un fameux chef de cuisine n'avait de blanc dans tout son extérieur que le bout de l'index, qu'il trempait fort souvent dans les sauces, et qu'il suçait. Son maître lui dit un jour : Comme tu as les mains ! — Ah ! Monsieur, ce n'est rien ! si vous voyiez mes pieds, répondit le cuisinier.

Mettre mon potager en parterre, dit un jour un homme à sa femme, qui aimait avec passion les fleurs... Et que mettrai-je dans ma soupe?... des tulipes, lui répondit sa femme.

Un homme de distinction se faisait lire *Marie à la Coque* par son valet-de-chambre. Dieu lui apparut en singe, dit le lecteur. — En songe, répondit son maître. — En songe, ou en singe, reprit le valet-de-chambre, Dieu était bien le maître de se mettre comme il voulait.

Un petit maître entrant chez une danseuse de l'Opéra, se plaignit de l'impertinence de son portier, en lui disant : parbleu, vous devriez bien chasser ce drôle-là. — J'y ai bien pensé ; mais que voulez-vous? c'est mon père, repartit la danseuse.

Une dame de Paris qui passait la plus grande partie de l'année à la campagne,

y jouait régulièrement la comédie; mais sa troupe, comme la plupart de celles de société, était sujette à se composer différemment, suivant les liaisons que cette femme formait à Paris dans l'hiver. On l'avait vue, durant un été, fort engouée d'un jeune homme d'une très-belle figure qui remplissait les rôles d'amoureux dans sa troupe. Cependant, l'année suivante, il ne parut plus sur son théâtre, et fut remplacé par un autre. Alors des voisins de campagne qui ne voyaient la dame que pendant la belle saison, lui témoignèrent leur surprise de ce changement. « Vous paraissiez si con-
» tente de cet acteur, lui dirent-ils? —
» Il est vrai, répliqua-t-elle, il était as-
» sez bon pour la représentation, mais
» il manquait toujours aux répétitions.»

Un particulier demandait un jour au gardien d'un couvent combien il y avait à Paris de religieux de son ordre. — Deux cent neuf, reprit le moine. — C'est beaucoup. — Il est vrai; mais aussi nous avons quatre monastères de filles à desservir.

Une dame avait coutume de dire toujours ses prières en latin. Sa fille lui dit un jour : « Ma mère, vous feriez mieux » de prier en français. — Oh, non, ma » fille, quand on entend ce qu'on dit » cela amuse trop. »

Lorsqu'on donna au Théâtre-Français la première représentation de l'*Egoïsme*, le public s'aperçut qu'un homme du parterre applaudissait de toutes ses forces. Il fut remarqué encore à la seconde, ainsi qu'aux suivantes. Ses claquemens de mains redoublaient à mesure que les représentations se succédaient. Un des amis de l'auteur l'avertit de la bonne volonté du personnage, et lui dit en riant, que cela méritait bien un remercîment de sa part. L'auteur fut assez heureux pour apprendre le nom et découvrir la demeure de notre original ; il se rendit un matin chez cet amateur si zélé : « Mon cher Monsieur, lui dit-il, je viens vous rendre grace de la bonne volonté que vous avez témoignée pour ma comédie, et de toute la chaleur que vous avez mise pour la faire réussir. — Trève de remercîmens, dit notre homme ; j'avais parié pour dix représentations, et je me suis arrangé pour ne pas perdre le pari.

Un riche marchand de Paris s'écriait à tout propos : « Je veux être pendu, si cela n'est pas vrai ; je veux être pendu, si je ne fais pas telle chose. » Cet homme fit fortune, et acheta une charge de secrétaire du Roi. Le lendemain même de l'acquisition, il dit devant une nombreuse assemblée : « Si ce que j'affirme n'est pas véritable, je veux être décolé. »

Un Parisien, qui avait quitté fort jeune la capitale, y revint au bout de quelque tems, et, après avoir descendu du coche, arriva au Palais-Royal, dans le moment où les reverbères allumés le transforment en palais du soleil. Il regarde, il s'avance, il entre dans le salon de Curtius. Prenant tous les personnages pour des êtres vivans, il les salue, et se plaint amèrement de leur orgueil, qui ne leur permet pas de parler. Cette simplicité est presque semblable à celle de ce jeune homme tout-à-fait neuf, qui, sur le quai de la Féraille, entendant un perroquet dire à tous les passans : « D'où viens-tu, mon ami? » Ota son chapeau, fit une profonde révérence, et répondit très-humblement : « De Limoges en Limousin, mon bel oiseau! » Sa mère lui avait souvent répété qu'on ne peut être trop poli.

Un particulier, voyageant avec un Parisien, voulut s'amuser à ses dépens : ce dernier ne s'était pas fait raser depuis quinze jours, par rapport à une affreuse fluxion qu'il avait eue. Apercevant un château où demeurait une femme qu'il avait connue, la fantaisie le prit d'aller le voir, malgré les prières que lui faisait son camarade de continuer leur route. Le Parisien inflexible descend dans un cabaret, et demande un barbier. On l'envoie chercher pendant qu'il prépare un habit et du linge. Son compagnon, pour se venger de lui, fit la leçon au frater, qu'il soudoya très-bien. Ce dernier se mit en état de raser son homme. Durant l'opération le Parisien lui dit : « Y a-t-il beaucoup de voleurs aux environs? — Quantité! mais on y met bon ordre. J'en ai fouetté et marqué deux avant-hier, pendu hier trois, et demain j'en dois rompre... » — Il n'eut pas le tems d'en dire davantage. Le Parisien, qui prit véritablement son barbier pour le bourreau, le repoussa durement, et monta en voiture la barbe à moitié faite.

On avait affiché Idoménée, tragédie de M. le Mierre, par un y grec : une actrice se plaignit de la part de l'auteur de cette faute d'orthographe. Mademoiselle ***, mande l'afficheur et l'imprimeur à la barre de la cour, c'est-à-dire à l'assemblée des comédiens. L'imprimeur s'excuse, en disant que c'est *le semainier* qui lui a dit d'afficher ainsi la pièce nouvelle. « Cela est impossible, reprend l'actrice avec dignité, il n'y a point d'acteur parmi nous qui ne sache *orthographer*. » Cette faute de langage fit beaucoup rire l'imprimeur, qui n'ignorait pas que le mot véritable était *orthographier.*

On s'efforçait de peindre dans une assemblée de jeunes dames la triste situation d'une famille indigente : une d'entre elles, qui était de Paris, se mit à dire de la meilleure foi du monde : « Mais, mon Dieu ! pourquoi les pauvres gens ne vivent-ils pas de poulardes au gros sel ? »

Le 8 juin 1781, le théâtre du Palais-Royal fut détruit : à peine le spectacle était-il fini que le séjour des grâces, des divinités, tous ces palais, ces temples magnifiques, ces bosquets enchanteurs devinrent tout-à-coup la proie des flammes. Un affreux incendie consuma la salle ; plusieurs personnes périrent. Le feu dura pendant huit jours. Le lendemain matin la populace regardait les ravages affreux de cet incendie avec un visage consterné. Bientôt une voiture chargée de costumes échappés aux flammes, traversa la place du Palais-Royal. Un crocheteur, qui était dessus, s'avisa de mettre sur sa tête un casque, qu'il trouva sous sa main ; il se couvrit ensuite d'un manteau de pourpre. Debout sur la charrette, comme un vainqueur qui fait son entrée dans un char de triomphe, il attira les regards du public, dont la tristesse se changea tout-à coup en éclats de rire.

Un médecin de la faculté de Paris dit un jour dans la meilleure compagnie, croyant faire l'éloge de sa protégée, » Mademoiselle de ***, est la fille de France qui connaît mieux le corps humain. »

Le cardinal de ***, qui avait un Parisien pour secrétaire, voulut faire relier un volume de mandemens, lui dit qu'il craignait que le volume ne fût trop gros. — Non, Monseigneur, lui répondit le secrétaire ; quand on l'aura bien battu et bien relié, tout cela sera fort plat.

Les députés de Dombes étant venus à Sceaux pour voir M. de Malezieux, le concierge du château, qui était Parisien, leur dit d'un ton fort brusque : Vous ne pouvez pas voir M. le chancelier, il joue la comédie.

—•—•—

Le célèbre Dumarsais passant dans la rue aux Ours, le jour et au moment où l'on brûlait l'effigie du Suisse devant l'image de la Sainte-Vierge qui était au coin de la rue Salle-au-Comte, il s'arrêta pour voir cette cérémonie, qui se faisait tous les ans, le 3 juillet. Une bonne femme pressait la foule, afin d'arriver plus vîte devant la Vierge et y faire sa prière ; elle coudoya rudement une autre femme qui se fâcha et lui barra le passage en lui disant : « Si vous voulez prier, mettez-vous à genoux où vous êtes. Est-ce que la bonne Vierge n'est pas partout ? Dumarsais, qui était à côté d'elle, voulut charitablement la reprendre, et lui dit : « Ma bonne ! vous venez de proférer une hérésie ; c'est le bon Dieu seul qui est partout, et non pas la Sainte Vierge.

— Voyez donc, s'écria cette femme en s'adressant au peuple, voyez ce vieux coquin, qui prétend que la bonne Vierge n'est pas partout ! » Ces mots furent les signes du soulèvement général du peuple. On quitta la Sainte-Vierge et le Suisse pour courir après Dumarsais, qui eut heureusement le tems de se sauver dans une allée. Le peuple bloqua sa maison, et voulait absolument qu'on lui livrât le blasphémateur. La garde vint le délivrer, mais fut forcée, pour le mettre en sûreté et pour calmer cette effervescence, de le conduire chez le commissaire du quartier, qui n'osa le laisser sortir que fort avant dans la nuit.

On présenta un jour dans une bonne maison de Paris un jeune homme de la même ville, auquel on avait donné toute l'éducation requise pour paraître avec distinction dans le monde, mais qui était malheureusement d'une extrême gaucherie. L'introducteur entre le premier. Le jeune homme le suit, et au premier pas qu'il fait dans l'appartement, la timidité le trouble; l'aspect d'une brillante assemblée le déconcerte ; il enfonce mal adroitement son pied entre le tapis et le parquet ; il sent un obstacle, il le force pour avancer, emporte le tapis avec lui, renverse tous les siéges qui l'arrêtent, et arrive à la maîtresse de la maison, avec le tapis au cou, en guise de cravatte. En saluant il glisse et tombe sur elle ; il se relève, fait ses excuses. Les laquais réparent au plutôt ce désordre. On lui offre un siége, il se méprend, et s'assied dans un autre, sur la guitare de Madame, qu'il met en canelle ; se dresse tout effrayé, se jette dans un autre fauteuil, et écrase la petite chienne. Il tombe en confusion, perd contenance, et ne voit d'autre parti que celui de se sauver sans rien dire. En fuyant avec précipitation, il coudoie le valet-de-chambre, lui fait tomber des mains le cabaret de chocolat qu'il allait servir à la compagnie, casse toutes les tasses, et renverse le chocolat sur les robes de toutes les dames du cercle. L'ami sort après lui, pour tâcher de le ramener et de raccommoder les choses ; mais son homme a disparu et court encore.

Un badaud devant lequel on parlait de l'État de Venise, demanda sérieusement le nom de la capitale de ce pays.

Un autre, aussi spirituel, dit dans une société qu'il était bien étonné que le roi dépensât tant d'argent pour faire venir de si loin des antiques, pendant qu'il y avait tant d'habiles gens en France qui lui en feraient, s'il voulait.

Un Parisien ayant epousé une jeune demoiselle très-laide, mais qui avait beaucoup d'esprit, lui dit : Madame, vous n'êtes point jolie, et l'on dit que je n'ai point d'esprit ; passons-nous mutuellement nos défauts, et nous ferons le meilleur ménage du monde.

Un jeune homme, amoureux d'une jolie personne qu'il ne pouvait épouser parce qu'il n'était pas assez riche, alla dans un monastère de Paris trouver un bon religieux pour lui donner un expédient. Le père lui dit : Je n'en connais qu'un, c'est de devenir eunuque. — Je ne le souffrirais pas pour cent mille écus. Eh bien! cela suffit, reprit le moine. Sur-le-champ, il s'en va trouver les parens de la demoiselle, et leur montre de l'étonnement sur ce qu'ils ne veulent pas donner leur fille à notre jeune amoureux. Il n'a pas assez de biens, dit le père de la demoiselle. Je lui connais, répond le religieux, un effet dont il a refusé cent mille écus.

Une femme du monde, mais du plus grand ton, avait toujours sur sa table un *Almanach royal*. Quand il arrivait quelqu'un, il fallait qu'il lui montrât son nom ; s'il n'y était pas, elle jugeait cet homme indigne de ses faveurs.

Une dame qui ne voulait pas qu'on jouât le *Magnétisme*, envoya son laquais aux Italiens, à la première représentation des *Docteurs Modernes*, avec ordre de siffler cette pièce dès que l'acteur paraîtrait, et de faire tant de bruit, qu'on ne pût pas entendre un mot de ce qu'il dirait.

La toile se lève. Mon homme commence son tapage, on le fait sortir. Conduit au corps-de garde, il dit qu'il fait sa commission, qu'il ne sait ce qu'on lui veut, et que sa maîtresse l'a payé pour siffler la comédie des *Docteurs Modernes*. Tous ceux qui sont présens ne peuvent s'empêcher de rire à un trait de naïveté si plaisant ; et sur ce que quelqu'un parvint à lui faire comprendre qu'il n'a point sifflé *les Docteurs Modernes*, mais une autre pièce par où on a commencé. *J'ai tort*, reprend il, *laissez-moi rentrer, je vais siffler les Docteurs Modernes*.

Imprimerie de P. Gueffier, rue Guénégaud.

www.ingramcontent.com/pod-product-compliance
Ingram Content Group UK Ltd.
Pitfield, Milton Keynes, MK11 3LW, UK
UKHW022032170726
13837UKWH00002B/553